論理学の驚き

哲学的論理学入門

An introduction to philosophical logic

加地大介 著

Daisuke Kachi

教育評論社

装幀＝浅田　潤

論理学の驚き
―哲学的論理学入門―

もくじ

第2章　「……ならば」の正体 ――晴れた日にレインコートを着る子は良い子？　悪い子？

第3章 「……である」の色々 ——赤いものは青いものよりも橙のものに似ている？

第4章 「……がある」の罠 ——存在しないものが存在する？

目次

はじめに

「哲学的論理学入門」という本書の副題は、哲学的な〈論理学入門〉――「論理学」への哲学的観点からの入門――というよりはどちらかと言えば、「**哲学的論理学（philosophical logic）**」という学問分野への入門という意味を表しています。「哲学的論理学」という語――やや古めかしい言い方では「**論理哲学**」とも呼ばれます――はこれまで色々な意味で用いられてきましたが、本書で意図されているのは、「**哲学としての論理学**」**すなわち**「**論理に関わる基礎的諸問題について考察する哲学分野**」という意味であり、あえて区別するならば、「哲学のための論理学（logic(s) for philosophy）」や「論理学の哲学（philosophy of logic(s)）」とはいくぶん異なっています。

もちろん「哲学のための論理学」や「論理学の哲学」も広い意味での「哲学としての論理学」であることは疑いなく、これら三者は截然と分けられるものではありません。ただ、「哲学のための論理学」では、何らかの哲学的諸問題・諸分野が先行して存在し、それらに資するために、現代的な**記号論理学**（**symbolic logic**）・**数学的論理学**（**数理論理学**）（**mathematical logic**）を**手段として活用する**ということに主眼があり、また「論理学の哲学」では、現代的手法によって数理的に整備された論理体系がいくつか存在することを前提として、個々の論理体系に関する**メタ的な分析を行う**ということに力点があるように思われます。

もともと、「哲学的論理学」という言葉は、B.ラッセル（1872-1970）がその著書『**外的世界についての私たちの知識：哲学における科学的方法の領域として**（*Our Knowledge of the External World: As a Field for Scientific Method in Philosophy*）』（1914）の中で初めて用いたのですが、彼はそれについて「数学的論理学」と対比させつつ次のように説明しています：

> 数学的論理学は、その最新の形態においてさえ、その最初の部分を除いて、**直接的には**哲学的な重要性を持たない。最初の部分以降では、それは哲学よりは数学に属する。その最初の部分――**哲学的**論理学と適切に呼びうる唯一の部分――については、この少し後で語ることにする。しかし、最初の部分以降の展開でさえ、直接的には哲学的でないにせよ、哲学するうえにおいて絶大な間接的有用性が〔数学的論理学には〕見出される

であろう。（参考文献［13］（邦訳）p.124（改訳））（以下では、「参考文献」を省略して番号のみを記します。）

………………

論理形式についてのある種の知識は、ほとんどの人にとっては明示的でないにせよ、すべての議論の理解に含まれている。その知識を個々の外皮から抽出し、明示的で純粋なものにすることが、哲学的論理学の役割である。（［13］（邦訳）pp.126-127（改訳））

論理学は、二つの部分からなるといってよい。その第一は、命題とは何か、命題はどんな形式を持ちうるか、ということを調べる。つまり、論理学のこの部分は、色々の種類の原子的命題、分子的命題、一般命題、あるいはその他の命題を数え上げるのである。第二の部分は、ある種の形式を備えた命題がいずれも真であるということを主張しているいくつかの極度に一般的な命題からなっている。論理学のこの部分は、純粋数学に溶け込んでしまうのである。（…中略…）第一の部分は、単に命題の形式を枚挙するにすぎないが、そのためにいっそう困難であり、哲学の立場からはいっそう大切である。そして他のあらゆるものにまして、論理学のこの部分において最近なしとげられた発達のおかげで、多くの哲学上の問題をほんとうに科学的に論議することができるようになっ

たのである。（［13］（邦訳）p.143）

これらの説明から、ラッセルは、現代的な数理論理学が「哲学のための論理学」としても（間接的な）有用性をもつことを認めつつも、それが前提する「論理形式」に関する純粋に哲学的な研究としての「哲学的論理学」の領域が存在すると考えていたこと、そしてその領域での発達が個々の哲学的問題に応用されることによって、哲学的論理学も結果的に「哲学のための論理学」として機能すると考えていたことがうかがわれます。

それからほぼ70年後、A. C. **グレーリング**は、その著書『**哲学的論理学への入門**（*An Introduction to Philosophical Logic*）』（1982）の冒頭で、特に「論理学の哲学」と対比させつつ、「哲学的論理学」について次のように解説しました：

「哲学的論理学」という語の中の「論理学」という語は誤解を招くおそれがある。哲学的論理学は、論理学**についての**学ではないし、それは論理学**である**ということもない——論理学が推論の形式的な表現と規格化（formal representations and regimentations of inference）の研究であるという意味においては。（［2］p.2）

哲学的論理学は哲学である――論理学を踏まえており（logic-informed）、論理学に影響される（logic-sensitive）哲学ではあるが、それでもやはり哲学なのである――したがって、哲学的論理学と論理学の哲学との対比は、次のように表現できるだろう：人が論理学の哲学を行っているとき、その人は論理学について哲学している（philosophizing about logic）。しかし人が哲学的論理学を行っているとき、その人は哲学している（philosophizing）。（［2］p.3）

…………………

ここでグレーリングが最後に「哲学している」という語で意味しているのは、〈言語と思考の本性・世界の構造と内容に関わる、より一般的な関心に基づく哲学的諸問題について考察を行っている〉ということです。実際、彼は同書において、命題（proposition）・必然性（necessity）・分析性（analyticity）・アプリオリ（a priori）性・存在（existence）・真理・意味・指示（reference）・実在論と反実在論といった広範なテーマを扱っています。

さらに最近になって、E. J. ロウも、『**思念の形式：哲学的論理学における研究**（*Forms*

of Thought: A Study in Philosophical Logic）』（2013）の中で、先ほど引用したラッセルの解説を参照しつつ、次のように述べています：

私見では、現在では多くの哲学者がこの用語〔＝「哲学的論理学」〕の起源を忘れてしまっており、ラッセルによる非常に有益な意味でそれを用いることをせず、代わりに――ラッセルが主に想定していたものよりも広いと同時に狭いと思われる――**論理学の哲学**のようなものをその用語が意味すると解釈していることは、不幸なことである。（…中略…）私がラッセルを理解する限りでは、哲学的論理学の主たる目的は、**思念の形式**を――思念〔＝思考内容〕が命題的な性格をもち、それゆえ互いに論理的な関係に立つことができる限りにおいて――明らかにすることであり、そのためには、何らかの自然言語の文の形態において最も自然に表現されるところの思念に焦点を当てることが必要なのである。（［7］p.1）

そして彼は、指示・述定（predication）・同一性（identity）・様相（modality）・条件性（conditionality）を主題とする哲学的考察を同書の中で展開したのですが（同書内で扱わなかった哲学的論理学の主題としては、否定・存在・真理・一般性（generality）を挙げています）、彼はそのような考察が、形而上学・認識論・心の哲学・言語哲学という複数の哲学分野にまたがるものだと考えていました。

これらの哲学者たちが想定している意味での「哲学的論理学」という分野は、グレーリングが上記の書を著した1980年代から90年代（同書の第2版・第3版が1990年・1997年に出版されています）頃に比べると、ロウも示唆しているように、現在ではいくぶん下火になっているようにも思われますが、そのひとつの要因は、グレーリングやロウが挙げているような各テーマや各分野での研究がさらに展開した結果、より細分化・専門化したということにあるかもしれません。いずれにせよ、その重要性や興味深さは依然として失われていないという認識のもとに書かれたのが本書です。本書は、彼らが想定している意味での「**哲学的論理学**」という分野へのほんの入り口まで皆さんをご案内することを目的としています。

本書の内容は、もともと、私が大学での入門的な現代論理学の授業の中で話していたことに基づいています。現代論理学の授業は、どうしても記号化や形式的証明などの技術を習得することに多くの時間が費やされ、ややもすると、その背後にある目的や意義が見失われがちです。そこで、そのような技術習得に入っていく前にその哲学的な背景説明や意義づけを行ったり、習得後にその先のより高度な問題や展開について簡単に紹介したりする時間を、できる限り設けてきました。ただ、実際の授業の中でそのための十分な時間を確保することはなかなか難しいというのが現状でしたので、それを補う副読本的な書となることもひとつの目的として、本書では私が授業で話している内容よりもさらに踏み込んだところまで書かれています。

現代論理学には、その入門的な授業や教科書で通常学ぶ内容からもう少し先に踏み込むと、難しいながらも現代論理学の醍醐味がいっそう味わえる領域がいくつかあります。その中でも特に哲学的関心に即した領域が、まさしく冒頭で掲げた「哲学のための論理学」「論理学の哲学」および（本書で想定されている意味での）「哲学的論理学」だと言えます。私見では、これらのうち最初の二つについては、日本語で読めるとても優れた入門的な書が数多く見受けられるのですが、「哲学的論理学」に関する書はあまり出版されていないように思います。そこで、本書のような入門書の出版にも一定の意義があるだろうと考えたわけです。

この結果、本書が想定している最も標準的な読者は、現代論理学の初歩についてある程度の知識をすでに何らかの形で得ている方々であることになります。グレーリングが述べているように、「哲学的論理学」とは「論理学を踏まえており、論理学に影響される哲学」であるという事情は、やはり否めないのです。また、通常、入門的論理学の授業で扱われる現代論理学の体系は、最も標準的な「**古典論理**（**classical logic**）」という体系ですので（**アリストテレス**以来の「**伝統論理**（**traditional logic**）」と紛らわしいのですが）、結果的に、本書の内容は「（**古典論理という**）**論理学の哲学**」という性格もいくぶんか兼ね備えています。さらに、神の存在証明のような哲学的問題への論理学の応用事例なども扱われているという点では、「**哲学のための論理学**」という側面も含まれています。

以上のような事情により、本書は、完全な初心者を論理学へと誘う哲学的な入門書という意味での「哲学的〈論理学入門〉」であるとは、残念ながら言えません。とはいえ、先にも述べたように、本書には現代論理学の技術習得以前の段階を想定した話題もたくさん入っています（この部分は、現代論理学をすでに学んでいる人にとっては逆にまだるっこいかもしれません）。したがって、最近はインターネット上などでも現代論理学に関するコンパクトな解説が簡単に読めますし、自習しやすい入門的な教科書も豊富です（手前味噌となりますが、私が授業で使用している参考文献［9］もお勧めです）ので、それらを脇に置きながら同時並行的に本書を読み進めていただくということもできるのではないかと思います。このような形であれば、本書は、哲学的な関心を主としながら現代論理学の世界へと入っていくための「**論理学への哲学的入門書**」としても機能しうるでしょう。

本書の本体部分は、四つの章によって構成されています。第1章では、「**論理的帰結**」の必然性を主な題材としながら、論理学という学問の本来的性格について解説します。それに続く第2章〜第4章では、それぞれ「**条件法**」「**述定**」「**存在**」という論理的諸概念にまつわる種々の哲学的問題について考察します。

また、初学者・既学者を問わず、「論理」という抽象的テーマについて「哲学的に」考えるためには、きわめて抽象度の高い思考を集中して行うという、大半の人にとって日常的には不慣れな作業を強いざるをえず、どうしても頭脳に大きな負担をかけることになります。そこで、多少なりとも具体的な地上世界に時おり下り降り、適度に骨休め・頭休めをして気分転換していただくために、「驚きの証明」と題するちょっとしたコラムをいくつか挿入してあります。これらは、その前後の内容に関係していたりいなかったり、厳密な証明であったりなかったり、また、証明に成功していると私自身が考えていたりいなかったりするコラムですが、気楽にお読みいただければ幸いです。

第1章

「ゆえに……」の力
――「論理」の呪力が人を金縛りにする？

「当たり前」に対する驚き

「論理学」という学問があります。論理学というからには、たとえば歴史学が「歴史」を研究し、生物学が「生物」を研究するように、「論理」を研究対象とする学問だと言えますが、おそらく多くの人にとってはあまり馴染みがなく、なかなかイメージがわかないのではないでしょうか。ただ、学問としての馴染みは薄いにしても、「論理」という言葉自体は、たとえば、「あの人は論理的に物事を決めていく人だ」「民主主義の論理が問われている」などというように、日常的会話の中にも時おり登場します。この点で、学問としてはより一般に知られている「物理学」「化学」などよりも、その研究対象自体はより日常生活に溶け込んでいる部分もありそうです。

そこでまずは、いま挙げた「論理的に物事を決めていく人」という用例に則しながら、そもそも論理学が研究対象とする「論理」とは何なのかを少しずつ明確にしていきましょう。そのために、少し遠回りになるかもしれませんが、C.S.パース（1839-1914）という19世紀末のアメリカの哲学者によって書かれた「**信念の確立**（**The Fixation of Belief**）」（1877）という論文を手がかりにしながら話を進めることにします。

パースは、高校の「倫理」の教科書などでは**プラグマティズム**というアメリカの現代哲学の創始者として紹介されることが多いようですが、彼は（「倫」理学者ではなくて）論理学者としても、論理学をより現代的な形に改良するうえで一定の役割を果たした人として知られています。「信念の確立」という論文は、直接的には必ずしも論理学に属する論文ではありませんが、信念の確立の仕方のひとつとして、先ほど挙げたような「論理的に物事を決めていく」という形を提示しているという点で、論理学との関連を持っています。

さて、「信念」という言葉は、「彼は決して信念を曲げない」、「自己の信念を大事にするべきだ」などという形で用いられ、その中身としては「人間は気高く生きるべきだ」、「信ずれば通ず」など、「主義」とか「信条」などと形容されるような、比較的大仰な内容が想定される場合が多いですが、この場合の「**信念**」は、ただ単に「**信じている事柄**」という程度の意味だと考えてください。したがって、たとえば「今日、さいたま市では雨が降っている」、「幽霊は存在する」、「地球は丸い」、「私は日本人だ」、「私には胴体がある」なども、信念の事例と考えられます。そしてこのように広い意味で「信念」を捉えた場合、私たちは誰でも日々新たな信念を獲得したりこれまでに形成した信念を修正・撤回したりしながら、結果として膨大な数の信念を抱きつつ生きていると言えます。

しかし同じ信念でも、その信念に対してどれほど自信を持っているかによって、よりあやふやな信念からより確固たる信念まで程度の差があります。たとえば先ほど挙げた事例で言えば、どれほど心霊マニアだとしても、「私には胴体がある」という信念の確かさに比べれば、「幽霊は存在する」という信念に対する自信は脆弱なものでしょう。そして信念を抱く以上、誰でもその信念をできるだけ確かなものとして持ちたいと思うはずです。

パースが「信念の確立」という論文で問いかけたことは、私たちは一般にどのような形でそれぞれの信念を確立していくのかということです。その答えとして、彼はその方法を、⑴**固執の方法**（**method of tenacity**）、⑵**権威の方法**（**method of authority**）、⑶**ア・プリオリな方法**（**a priori method**）、⑷**科学の方法**（**method of science**）という四種類に分類しました。

彼の分類をひとつのヒントとして考えれば、たとえば「幽霊は存在する」という信念をあなたが形成したとした場合、その形成の仕方には次のような四種類があると言えます（個人的な脚色と強調が加わっているので、必ずしもパース自身が想定していた趣旨や内容にぴったり適合するわけではありませんが）。

まず、第一の**固執の方法**とは、自分の願望や感情にこだわってそれらに即した形で信念を形成する方法です。たとえば、「幽霊というものに会ってみたい」、「幽霊ってかわいい」などという個人的な想いが強いあまり、それが「幽霊は存在する」という信念を後押しすることになるような場合に相当します。良く言えば（良くもないかもしれませんが）自己の感性を重視する人、悪く言えば気まぐれな人が、このケースに当てはまることが多いかもしれません。

第二の**権威の方法**は、個人の想いに従って信念を形成するのと対照的に、集団の意向に即した形で信念を形成していく方法です。たとえば自分が尊敬する人や自分が属する集団の中で一目置かれている人が「幽霊は存在する」と信じているという理由により、自分もそう信じようと考えるような場合です。良く言えば（これも良くないかもしれませんが）素直で従順な人、悪く言えば権威に弱い人が採用しがちな信念形成の方法だと言えるでしょう。ただこの方法は、「権威への盲従」というようなイメージの悪さとは裏腹に、ほとんどの人が多かれ少なかれ採用せざるをえない方法でもあります。たとえば、「真空中の光の速さはすべての慣性系において不変である」とか「宇宙はビッグバンによって始まった」などのいわゆる科学的主張については、大多数の人は、そのようなことを科学者と呼ばれている人たちが主張しているからそう信じることになるはずです。特に学問分野が細分化している現代においては、いわゆる「専門家」たちに真理認定の権威を与えることによる「知の分業化」は不可欠なのです。

第三の方法の名称に用いられている「**ア・プリオリな**」とは、だいたい「経験に基づいていない」という意味で、「経験に基づいた」という意味での「ア・ポステリオリな」と対比されて用いられる用語です。「**経験**」という言葉も、「何事においても経験が重要だ」「私はノロウィルス感染の経験がある」など、日常的に用いられる語ですが、哲学の文脈では、先ほどの「信念」とは対照的に日常語よりもややいかめしい「**私たちの感覚に基づく確認や検証**」というあたりの意味で用いられます。

そして「幽霊は存在する」という信念に即した「ア・プリオリな方法」の事例を、いま述べたような「ア・プリオリ」の意味に沿って作るとすれば、たとえば「霊魂は不滅であるので、幽霊のようなものも存在するはずだ」、「神は万能なのだから、幽霊という存在者も創ったはずだ」などのように、霊魂の不滅とか神の万能性などの経験的に検証できないような根拠に基づいて幽霊の存在を信じている場合が、ア・プリオリな方法に当たると言えます。パースは、特定の個人や集団を中心に考えている固執の方法や権威の方法とは異なる「普遍的」な方法であるという点で、次に挙げる「科学的方法」とともにこの方法を一定程度高く評価します。しかし他方、経験的に検証できないにもかかわらずなぜそれらを根拠として信じうるのかと言えば、多くの場合、ある種の直観や信仰心、あるいは特定の集団への帰依などがその理由となりがちなので、ともすれば「固執の方法」、「権威の方法」に陥りがちである点を問題視しています。

最後が「**科学的方法**」ですが、ともすれば固執の方法や権威の方法に堕落しがちなア・プリオリな方法に比べて実験や観察などの経験的検証に基づいているという点で、パースはそれよりも高く評価します。そして彼はその方法を論文のある箇所で「論理的方法」とも呼んでいます。この「論理的」という点を強調する形で事例を作ってみると、たとえば次のような自己の経験に基づく一種の「論証」を経て「幽霊は存在する」という信念を確立した場合がそれに相当すると言えるでしょう：

私がつい先ほど会話をした相手は生きた人間か幽霊かのどちらかである。
しかし私以外の生きた人間がここにいるはずはない。
したがって、私がつい先ほど会話をした相手は幽霊であるとしか考えられない。
私が錯覚していたということもありえない。
したがって、幽霊は存在する。

この場合もちろん、自己の経験に即して形成された信念である「私が先ほど会話をしたのは生きた人間か幽霊かのどちらかである」、「ここに私以外の生きた人間がいるはずはない」、「私が錯覚していたということもありえない」という前提自体が誤っているということがありえます（というより、常識的・科学的に考えればおそらくいずれかが誤っているでしょう）。しかし、仮にこれら三つの前提に対する信念がきわめて強固だとしましょう。その場合、私は幽霊が存在するということをほとんど否応なく信じざるをえないのではないでしょうか。
実際、次のようにもう少し論証を絞り込むとともに整理してみましょう：

私が錯覚していたか、幽霊が存在するかのどちらかである。しかし私は錯覚していない。

これらの事実に基づいて、幽霊は存在**する**と私は信ずる。

これに対して、たとえば次のように主張する人がいたとしたら、おそらくあなたはその人を「わけの分からない人」だと思うでしょう：

私が錯覚していたか、幽霊が存在するかのどちらかである。しかし私は錯覚していない。
これらの事実に基づいて、幽霊は存在**しない**と私は信ずる。

つまり、この論証における二つの前提「私が錯覚していたか、幽霊が存在するかのどちらかである」、「私は錯覚していない」を事実として受け入れた人は、その人が合理的な判断ができる人であるとすれば、文字どおりの意味で「否応なく」、幽霊は存在するという帰結を受け入れざるをえないのです。

さて、ここで問題となるのは、この「否応なさ」の中身です。それはどれくらい強い「否応なさ」なのでしょう。また、どのような理由で「否応ない」のでしょう。まず、その強さについては、自らの合理性を棄却することなくしてはそれを拒否することができないという意味において、ほぼ「絶対的」、「必然的」に匹敵する強さだと言わざるをえないでしょう。これに比べて、上で述べたような、固執の方法、権威の方法、ア・プリオリな方法によって形成されるような信念には、少なくとも「逃げ道」があります。幽霊に対する感情、権威に対する服従、直観や信仰心への依存などを拒否すれば、それらに基づく信念も否定することができるからです。それに対して、上の二つの前提を受け入れた人には、もはや帰結を拒否する道は残されていません。それを拒否することは、自らが「わけの分からない人」であることを承認することに等しいからです。

しかも、不思議なのは、そうしたきわめて強力な一種の強制力が、「私が錯覚していたか幽霊が存在するかのどちらかである」、「私は錯覚していない」という二つの事実に思い至ったとたんに発生するということです。これが固執の方法、権威の方法、ア・プリオリな方法であれば、感情、服従、信仰心などの心理的な要因が「原因」となって自らの心を動かすような力を発揮し、幽霊の存在という信念の形成を「結果」としてもたらすという、強制力に関する因果的・心理的ストーリーが考えられます。これに対していま見たような論理的な強制力は、あたかも二つの事実を呪文のように唱えたとたん、ただちにその呪力がその人を金縛りにしてしまうかのようにして発生するとも言えるでしょう。しかもその力たるや、因果的な力とは比べものにならないくらい強い必然性を伴う強力な力なのです。このようにして発生する「論理の力」の正体とは、それが因果的な力でないとすれば、いったい何なのでしょうか。これは改めて考えてみると、とても不思議なことではないでしょうか。

　このような類の驚き、すなわち、**普段は特に疑問も持っていなかった当たり前のことが、「改めて考えてみると」不思議に思われるという驚きは、典型的な「哲学の驚き」**です。アリストテレスは「哲学は驚きから始まる」と述べました。ということは、驚かない限り哲学は始まらないということです。もちろん、アリストテレスの時代には哲学とは学問全般を指していましたから、これは今で言うところの「哲学」に固有のことではなく、おそらく、どの学問にもそれぞれの原動力となる固有の「驚き」があることでしょう。ただ、それを認めたとしても、やはり現時点で「哲学」という名のもとで営まれる類の考察を促す驚きは、かなり独特の驚きであると言わざるをえません。というのも、それは「当たり前のことに驚く」というタイプの驚きだからです。つまり、本来は誰もがほとんど疑問も挟まないようなことに対する驚きであるという点で、「驚くべきでないことに対する驚き」であるという一種の逆説性をその驚きは含んでいるのです。その結果として、驚かない限り哲学は始まらない、ということの意味が切実なものとなります。そうした驚きを共有できない限り、哲学は、「何をいまさら？」、「それを考えてどうなるの？」、「それが結局何なの？」と思わざるをえない摩訶不思議な営みとなってしまうからです。

　そして、そのことは論理学にも当てはまります。もともと論理学は、まさしくアリストテレスが哲学にとって不可欠な一種の道具として創始した学問であったという点で、当初から哲学と密接な結びつきを持っています。そして歴史的展開を見ても、哲学が神学と密接に結びついていた西洋中世においては実質的にカトリックの僧侶たちが諸々の哲学的考察を行っていたのですが、彼らに対する教育課程のなかで論理学は必修科目となっていました。現代でも、特に欧米の大学の哲学科では多くの場合、論理学は必修科目に近い位置づけが与えられています。そして、何よりも論理学とは、私たちが覚醒している限りほとんど常時と言えるくらい当たり前のように行っている何らかの「思考」や「信念形成」の根本に関わる事柄について考察とするという点で、やはり哲学そのものであるとも言えます。本書では、そうした哲学としての論理学の驚きをできるだけ伝えたいと思います。論理学は「当たり前」のことしか扱いません。しかし、**「当たり前」について「考える」ということは当たり前でないかもしれません。**実際それは、**当たり前であるどころか本当のところ非常に難しく、そしてだからこそ「当たり前でない面白さ」がそこにあるのです。**そのような面白さをぜひとも何とか味わっていただきたいと願っています。

「規範学」としての論理学

では、上で述べたような「論理の力」の正体を見極めるために、論理の力が発生する事例をもう少し見てみましょう。Aさんが次のように述べたとします：

地球が太陽の周りを回っているか太陽が地球の周りを回っているかのどちらかである。しかし地球は太陽の周りを回っていない。これらの事実に基づいて、太陽が地球の周りを回っていると私は信ずる。

あなたはどう反応するでしょうか。現代の常識として「地動説」の正しさを知っていれば、明らかにAさんが導いた結論は誤りであると考えるでしょう。しかし一方、Bさんが次のように主張したとしましょう：

地球が太陽の周りを回っているか太陽が地球の周りを回っているかのどちらかである。しかし地球は太陽の周りを回っていない。これらの事実に基づいて、太陽は地球の周りを回っていないと私は信ずる。

この場合Bさんは、Aさんとは異なり、天動説の否定という正しい結論を導いています。しかし、もしもあなたがAさんとBさんではどちらと友達になりたいかと問われたら、あるいは、何らかの理由でAさんかBさんのどちらかとビジネス上の取引をしなければならないとしたら、どちらを選ぶでしょうか。

地動説を信じるAさんの常識不足も問題と言えば問題でしょうから、本音を言えばどちらも選びたくないでしょう。しかし少なくともAさんは「筋は通っている」と言えます。Aさんの過ちは、「地球は太陽の周りを回っていない」という誤った信念を事実として受け入れてしまったことにあります。その結果として、誤った結論に到達してしまったのです。これは喩えて言うと、地図とその地図上に示された進路を手がかりにして目的地に到達しようとしたけれど、たまたま地図上の出発地点を誤って解釈してしまったために、指示通りの進路（たとえば、「三つ目の交差点で右折して100m程度進んだ先の右側」など）を進んだにもかかわらず到着地点が所期の場所と異なってしまったという事態に近いでしょう。

これに対しBさんの場合は、Aさんと同じ間違った出発地点から出発して地図上の指示に従いながらなぜか正しい目的地に到達してしまったというケースに例えられます。ひょっとするとBさんは、まさしく直観で正しい目的地を捉えられる「感性の人」であるかとてつもなく運の良い人であるかどちらかであるとすれば、そのような人とはお知り合いになっておいた方が良いかもしれません。しかし、Aさんとは対照的に、やはりBさんは「筋の通らない」、「わけの分からない」人であると言わざるをえないでしょう。長く付き合うならばAさんを選んだ方が少なくとも無難でしょう。

そして、まさしくAさんの方がBさんよりも「論理的」であると言えるでしょう。論理的な人とは、「筋を通す」人なのです。「論理」という感じは見るからに角張っていて直線が支配しています。その理由は、ある人から聞いたところによると、もともと「論」とか「理」とかの字源となった形象文字は、荒野に道筋を通していくことによって「田」を作っていくという開墾のイメージに由来するからだそうです。そして、論理学が「論理」を対象とする学問だとすれば、それはまさしく「筋の通し方」について研究する学問であると言えるでしょう。**論理学では、論証の出発点としての前提や論証の到着点としての帰結そのものの正しさよりも、前提から帰結に至る「筋道」としての「推論」の正しさを重視することになるのです。**そうした推論の正しさをひとつの主張としての前提や帰結の正しさと区別するために、論理学では、**前者を「妥当である（valid）」、後者を「真である（true）」という表現によって区別します**。つまり、「妥当である」とは、基本的に議論の進め方だけを問題にした場合の正しさであり、前提（および帰結）そのものの正しさはさしあたり度外視した評価だということです（より詳しくは後で定義します）。そして、論理学は命題によってなされる主張そのものの真偽よりも、いくつかの命題からある命題を導く「仕方」としての推論の妥当性・非妥当性を重視するのです。（とはいえ、もちろん論証の本来的な目的は真なる帰結を導くことにあるので、前提もすべて真であることが望まれます。妥当な論証がこのような条件も満たしている場合、その論証は「**健全である（sound）**」と言われます。）

さて、すると論理学的観点からは、Aさんと比べてBさんの推論の仕方が不適切だということになります。この不適切さはどのようなことに由来するのでしょうか。Bさんの頭脳の構造がどこかおかしいからでしょうか。あるいはBさんの精神状態に何らかの問題があるからでしょうか。ひょっとするとそうかもしれません。たとえばBさんの脳みそをCTスキャンで調べたところ、推論に関わる部位が「腐っている」ということが判明したり、精神分析してみたところ、嫌いなピーマンを無理矢理食べさせられたという幼少期のトラウマが彼の推論ミスを引き起こしている、というようなことが見出されたりするかもしれません。それはそれで大発見でしょうが、仮にそうだとしても、そのような発見はその推論の不適切さそのものについて何かを語ってくれるでしょうか。Bさんのような推論上の過ちがあった場合、考えるべきは、どのような「原因」で彼はそのような推論ミスを犯したのか、ということではなく、むしろ、彼はどのように推論を行う「**べき**」であったか、ということではないでしょうか。

「推論」という、頭脳が関わる精神活動について考察する論理学が、だからと言って脳生理学や心理学のような形で考察するのではないことの理由がここにあります。つまり、脳生理学や心理学が、私たちは「どのように推論しているか」という「事実」を問題とし、「事実は……である」ということを探究する学問としての「事実学」であるのに対し、**論理学はむしろ、「どう推論すべきか」について考察する学問なのです**。この意味で、論理学は「**規範学**」の一種だとよく言われます。伝統的には、「真・善・美」という三種類の価値にそれぞれ対応して、「どう思考するべきか」に関する「論理学」、「どう行為すべきか」に関する「倫理学」、「どう美醜を判断すべきか」に関する「美学」が三大規範学であるとされています。「論理学」と「倫理学」は字がよく似ているうえに一般には「倫理学」の方がよく知られているので、私は「論理学」の授業をするはずであるのにシラバスでは誤植によって「倫理学」の授業をすることになっていた、という経験をいくつかの大学でしましたが、少なくとも規範学として両者は仲間であったという点では、一見して思われるほど大きな間違いではなかったと言えるかもしれません。

さて、では論理学が「どう思考すべきか」ということを問題にする規範学であるとすると、どのような対象についてどのように考察すればよいのでしょうか。まず改めて確認すべきことは、それは私たち自身についての問題だということです。つまり、いくら自分たちの周囲の世界のあり方について色々なことが解ってきたとしても、少なくとも直接的には、私たち自身がどう推論すべきかということは見えてきません。この意味で、論理学は自分自身について振り返りながら何事かを考察するという性格を持っています。そして、この点も、論理学が哲学と深い関わりを持つゆえんです。多かれ少なかれこのような意味での自己反省を伴うことが哲学的考察のひとつの特徴でもあるからです。

ただし、単に私たち自身について考察するというだけであれば、先ほど挙げたような脳生理学や心理学もそうですし、私たちの身体も物体のひとつであるとすれば、物体全般について扱う物理学や化学だって結果として私たち自身についても考察していることになるでしょう。ここで重要なのは、先ほども述べたとおり、いくら私たちに関する「事実」を調べ上げても「……すべき」という「規範」は見えてこないということです。さて、ではどうすればよいのでしょう。私たちの周囲をいくら見回しても駄目、かと言って自分の脳や精神状態をいくら調べても駄目、となれば、もはや完全な手詰まり状態であるということになってしまうのではないでしょうか。

　しかし、よくよく考えてみると、**まさしく「私たち」の側にある何ものかであって、かつ、「……すべき」という規範性が関わらざるをえない、きわめて身近なものがあることに気づきます。それは何かというと「言語」です。**なぜなら、第一に、言語は私たち（の祖先）が創り出したものであるという点で、単なる自然的事物とは異なります。そして第二に、言語を用いるためには、その膨大な文法規則や意味規則の理解と遵守が必要であるという点で、規範の塊であるようなものとも言えるからです。そして、探究の対象としてひとつ有利なのは、言語が公共的・客観的なものであるということです。推論という知性的営みについて考察するからと言って、自分の心の中で起きている私秘的な何事かを考察の対象とする必要はないのです。

形式への着目

というわけで、論理学は言語に着目します。しかし言語に着目する、というだけでは、あまりに漠然としています。たとえば、ある言語がどのような文字を用いているかとか、どれくらいの語彙があるのか、ということも言語についての考察でしょうが、あまり論理と関わりはなさそうです。そこで、先ほど事例として用いた幽霊や地動説に関する推論を採り上げ、そこでは言語のどのような側面に着目しているのか、ということについて検討してみましょう。その事例を論証としてさらに整理したうえで多少表現を変えて述べれば、おおよそ次のようなものでした‥

私が錯覚していたか、幽霊が存在するかの少なくともどちらかである。しかし私が錯覚していたということはない。したがって、幽霊が（は）存在する。……①

地球が太陽の周りを回っているか太陽が地球の周りを回っているかの少なくともどちらかである。しかし地球が太陽の周りを回っているということはない。したがって、太陽

が（は）地球の周りを回っている。……②

おそらく多くの方がすでにお気づきのように、この二つの論証の間には明らかな類似性がありえます。どのような類似性かと言えば、これらの論証に登場するそれぞれの文の形とそれらの文の並び方が似ているということです。そのことは、上の二つの論証を次のように捉えてみると明らかでしょう：

P か Q かの少なくともどちらかである。しかし、P ということはない。
したがって、Q 。……(ア)

これは、各論証の「私が錯覚していた」、「地球が太陽の周りを回っている」という文を P で置き換え、「幽霊が存在する」、「太陽が地球の周りを回っている」という文を Q で置き換えた結果です。そしてこのように置き換えてみると、この二つの論証は、単に「似ている」という以上に、「同じ」構造・形式を持っていると言えることになります。

つまり、なぜ両者が似ているかと言えば、同一の形式を共有していたからだったのです。

このことが解れば、さらに、どうやら［P］、［Q］の位置には他の文が入ったとしても、それが有意味である限り、同種の論証が成立しそうだということも解るでしょう。たとえば［P］に「地震が起きた」、［Q］に「雷が落ちた」を入れれば、次のような論証となります：

地震が起きたか雷が落ちたかの少なくともどちらかである。しかし地震が起きたということはない。したがって、雷が落ちた。……③

これらのことから判明するのは、少なくとも上に挙げたような種類の論証に関する限り、**重要なのはどちらかと言えば、そこに現れるそれぞれの文の「内容」よりも、特定の文が論証のどの位置にあり、他の文とどのように関係づけられているかという意味での、論証の「形式」のようだ**、ということです。巷では、「あいつは格好ばかりで中身がない」というようなことが、往々にして誰かに対する悪口として言われますが、論理学では逆に、**中身よりも格好が大事なのです**。

したがって、先ほども述べたとおり、論理学が着目するのは言語なのですが、言語の中でも特に、**言語の形式に着目する**のだ、と言えそうです。これでかなり論理学の研究対象が絞り込まれましたが、しかし「形式」というだけでは、まだまだ抽象的で漠然としています。その場合注目されるのは、いったいどのような形式なのでしょうか。それについて考えるために、論証②の次のような形式化について考えてみましょう：

[a]が[b]の周りを回っているか[b]が[a]の周りを回っているかの少なくともどちらかである。しかし、[a]が[b]の周りを回っているということはない。したがって、[b]が（は）[a]の周りを回っている。……(イ)

このように形式化してみると、論証②は、たとえば次のような論証と同じ形式だと言えます：

太郎が次郎の周りを回っているか次郎が太郎の周りを回っているかのどちらかである。しかし太郎が次郎の周りを回っているということはない。したがって、次郎が（は）太郎の周りを回っている。……④

しかし、このような形式化によって何が見えてくるかと言えば、「[a]が[b]の周りを回っている」という表現の[a]、[b]の位置には色々な名詞が入りうるということぐらいでしょう。やはり重要なのは、論証中のどの部分を残し、どの部分を空欄として抽象化するか、ということです。そのような観点であらためて論証(ア)を見てみると、残っているのは「少なくともどちらか」、「しかし」、「ということはない」などの語句です。(「したがって」も論理的な役割を果たしていますが、それは推論がそこでなされていることを示す「**推論表示語**」であるという点で、文中で用いられるこれらの語句とは種類が異なっています。)これらと(イ)の「周りを回っている」とを比べてみると、たしかに大きな相違がありそうです。

ひとつ言えることとは、(ア)**で残された語句は、「主題中立的」である**ということです。「周りを回る」という語句は、動物、乗り物、天体などの限られた対象にしか適用できないのに対し、これらの語句は、どのような対象について語る場合にも用いられます。ただし、主題中立的と言えそうな語句は、たとえば「価値」、「事実」、「真理」など色々ありますし、中立性の程度にも幅があるように思われます。たとえば「できごと」、「原因」、「理由」、「数」などはいずれもかなり中立的ですが、いかなる種類の対象にも関与できると言えるほどではないでしょう。

したがって、もう少し絞り込まなければならないのですが、その際に注目すべき点は、やはり論証との関係でしょう。「少なくともどちらか」、「しかし」、「ということはない」などの語句（それぞれ「**選言（disjunction）**」「**連言（conjunction）**」「**否定（negation）**」と呼ばれます）は、特に論証に対して何らかの重要な貢献をしているからこそ、抽象化されずに残されたのだと考えられます。では、どのような貢献なのでしょうか。これもとても難しい問題なのですが、ひとつの見方は、これらの語句は論証の「構造」すなわち「筋道」を形作るのに貢献しているということです。喩えて言えば、「少なくともどちらか」はちょうど二股に分かれる道の分岐点に対応しますし、「しかし」や「そして」などは、ある一本道と別の一本道の継ぎ目のようなものだと言えます（なお論理学では、いわゆる「順接」と「逆接」の相違は、事実に関する相違ではなく、あくまでも話者の心理的な相違にすぎないと見なされるため、特に区別されません）。「ということはない」は、主張を反転させるスイッチのようなものと考えればよいかもしれません。

厳密に考えると色々問題はあるにせよ、おおよそこのような意味で**論証の構造を形作っていく主題中立的な語を「論理語」と呼ぶことにしましょう**。すると、論理学が注目する言語の形式とは、そのような論理語によって作られる形式だということになります。これでかなり絞り込まれました。そして第一節で述べたような、論証の力すなわち帰結を「否応なく」受け入れさせる必然的な強制力も、こうした論理語が作る形式によってもたらされるのだと考えられるでしょう。では、具体的にはどのようにしてそれはもたらされるのでしょうか。

Column

コラム

「驚きの証明(1)」:〈鏡を見ている〉人は〈鏡〉を見ていない

皆さんは、「鏡像は平面的か立体的か?」と問われたらどう答えるでしょうか(この場合の鏡像は、最も一般的な平面鏡を用いたときの鏡像だと考えてください)。私の経験では、だいたい三分の二くらいの方が平面的だと答えます。そしてそのうちの多くの方は、鏡が平面的であるということをその理由として挙げます。つまり、鏡像は見られている鏡面上にあり、鏡面が平面である以上、当然鏡像も平面的であるというわけです。

しかし、私たちが鏡を見ているとき、私たちは本当に鏡面を見ているのでしょうか?

ここで、いま部屋の中から窓ガラス越しに外の風景を眺めている状況を想像してみてください(この場合も、ガラスは最も一般的な平面的透明ガラスだとします)。その場合、もちろん窓ガラスや窓枠も「見えて」はいますが、誰も「窓を見ている」とは言わないし、そうも思っていないでしょう。あくまでも外の風景を見ているのですから。そして、その風景が平面的か立体的かと問われたら誰でも、躊躇なく立体的だと答えるでしょう。
では、改めて自分が鏡を見ているときを想像してください（あるいは、実際に鏡を見てみてください）。もちろんその場合も、鏡面や鏡の枠が「見えて」はいますが、皆さんが「見ている」光景は、窓越しに外の風景を見ているときの光景とあまり変わらないと思いませんか？ もちろん、見られているのは鏡の向こう側ではなくこちら側のあなた自身や室内の物体です。また、左右が逆転し、位置が鏡の裏側に移された「鏡像」となっています。しかし、それらが平面的か立体的かと言われたら、もちろん、立体的だと答えるのではないでしょうか。あなたも物体も立体的だからです。つまり、言われてみれば（考えてみれば）当たり前ながら、「鏡を見ている」人は、鏡面での反射を利用して鏡面のこちら側にある立体的な「物体」を見ているのであって、「鏡面」を見ているのではないのです。

納得できましたでしょうか？ まだ納得できないという方は、鏡面にゴミが付着している状況をさらに想像してみてください（あるいは、実際に付着させてみてください）。その場合、ゴミと鏡像は離れて見えるのではないでしょうか。そしてその見え方は、外の風景を見ているときに窓ガラスにゴミが付着しているときの見え方と同じなのではな

Column

いでしょうか。もしもあなたが近眼（または老眼）であるならば、鏡に近寄ってみると、そのことはいっそう明瞭になるでしょう。ゴミははっきり（老眼の方はぼんやり）見えるようになりますが、鏡面から遠くにある物体の鏡像の見え方はほとんど変わらないからです。それはちょうど、窓に近づけばガラス上のゴミははっきり（またはぼんやり）見えますが、外の風景の見え方はほとんど変わらないのと同様でしょう。つまり、通常私たちは「鏡面」や「（窓の）ガラス面」を見ているのではないということです。

しかし、まだ納得できない方は、鏡面とガラス窓とでは、「反射」の有無という点で決定的に異なるのではないか、ということを問題とするかもしれません。そうだとしたら、皆さんが眼鏡や望遠鏡を通して風景を見ている場合をさらに想像してみてください。その場合、私たちは眼鏡や望遠鏡のレンズでの「屈折」を利用して風景を見ていることになります。だからと言って、誰もその場合、「（眼鏡や望遠鏡の）レンズを見ている」とは言わないでしょう。だとすれば、「反射」の場合だけを問題視する理由はないのではないでしょうか。

「必然性」の証明

ここで求められていることを簡潔に表現すると、**論理語がもたらす論証の形式によって前提から帰結が「必然的に」導かれる理由を説明せよ**、ということです。言い換えれば、実際にそうした必然性が生ずることの「根拠を示す」あるいは「証明する」ということです。しかしこれは改めて考えてみると、非常に高度な要求であることがわかります。というのも、何かが必然的であることを示すということは、「それ以外ではありえない」ということを示すということだからです。つまり、単にそうであると示すだけでなく、「そうでない可能性はない」ということを示さなければならないのです。

実は、単に「……ではない」ということを示すことでさえ、往々にしてとても難しいことです。たとえば「地球以外にも生命体が存在する」という命題について考えてみましょう。この命題は、ひとつでも地球外生命体が見つかれば、真であるということを証明できたことになります。もちろん、それでさえ大変難しいのでいまだそのような確たる証明はなされていないのですが、これを「地球以外には生命体は存在しない」という命題の証明と比べてみれば、はるかに楽であることがわかります。というのも、そのような命題が真であることを探索によって証明するためには、宇宙のすみずみまですべての場所を完全に探索した結果、ひとつも生命体が見つからなかったということを示さなければならないからです。

ましてや、「地球以外には生命体は存在し**えない**」ということを証明しようと思ったら、もはやいかなる探索をしても証明できないことになります。なぜなら、探索によって証明できるのは、あくまでも「この現実世界」では地球以外に生命体が存在しないということでしかないからです。「存在しえない」ことを証明するためには、単にこの現実世界で存在しないことだけでなく、現実世界がこうであったかもしれないし、ああであったかもしれないような、すべての「ありえた世界」において存在しないことを示さなければならないのですが、現実世界から抜けられない私たちにはそのような探索を行う術はありません。こうした「ありえた世界」のことを哲学や論理学の文脈では「**可能世界**」と呼びます（なお「可能世界」には、単に可能であるだけでなく実際に実現している「現実世界」も、通常含まれます）。すべての可能世界において存在しえないことを示せれば、もちろん、ありえた世界のひとつとしての現実世界すなわち「実現した」可能世界としての現実世界において存在しないことも示したことになります。

では、ここで証明しなければならない必然性が具体的にどのようなものであるかについて改めて確認しましょう。それは、妥当な論証が持つ必然性でした。そして**妥当な論証とは、〈その前提をすべて正しい命題として認めた場合、帰結も必ず正しい命題として認めざるをえないような論証〉だと言えます。**つまり、この「認めざるをえない」という部分に、「必然的に認めさせられてしまう」という強制力が宿っているのです。このことは、次のようにも言い換えられます：**妥当な論証とは、〈その前提がすべて正しいのにその帰結が間違っている〉ということがありえないような論証である。**

そのようなことがありえないからこそ、もしも前提がすべて正しいと認めたら、帰結も正しいと認めざるをえないのです。だとすれば、妥当な論証が有する必然性を証明するためには、実際に、〈その前提がすべて正しいのにその帰結が間違っている〉ことがありえない、ということを証明すればよいことになります。

さて、この「ありえなさ」をどうしたら証明できるでしょうか。先ほど述べたように、すべての可能世界を調べ尽くすことなどできないのではないのでしょうか。それは無限個の可能世界を調べ尽くすという、有限の存在である人間には不可能なことを要求しているのではないのでしょうか。しかし、相手が無限個の何かだったとしても、**その無限個をうまく処理してやれば、結果としてそのすべてについて何かを主張できる場合は、ままあります。**実際、数学という学問は、たとえば自然数という無限個の数の集合について、「4の倍数はすべて偶数である」とか「最大の素数は存在しない」などということを証明しています。しかしこの場合、それが可能なのは、扱われている無限個の対象が互いに秩序だった関係に整頓されているからです。ちょうど一つの駒が倒れればその隣の駒も倒れるように駒が配置されているドミノ倒しの場合のように、自然数は、〈任意の数kについて何かが証明できれば、その次の数k+1についてもそれが証明できる〉ということを証明したうえで、ゼロ（または1）についてもその何かを証明できれば、すべての自然数についてそれを証明したことになるような関係を互いに対して持っているのです。

　これに対し、無数にある「ありえた世界」を数のようにきれいに配列できるとは思えません。だとすれば、やはり無限個の可能世界を調べ尽くす手段はもはやないということになるのでしょうか。実は、必ずしもそうではなりません。私たちには「分類する」という方法があるからです。雑多な無限も何らかの基準によってうまく有限個の**グループ**に分類できれば、各グループのメンバーに共通する性質を利用することによって、結果としてすべての無限個のメンバーについて何かを証明できるかもしれません。そして実際、論証の必然性に関わる限りでの無限個の可能世界であれば、**当該の論証に関係する主張とその中の論理語に着目す**

ることによってそうした分類を行えます。

まず、「私が錯覚していたか、幽霊が存在するかの少なくともどちらかである。」という第一前提に注目しましょう。この第一前提は、「私が錯覚していた」、「幽霊が存在する」という二つの命題と「……か、……かの少なくともどちらかである」すなわち「または」という論理語から成り立っています。（なお、これはいわゆる「**両立的選言**」と呼ばれる「または」ですが、これについては、第2章で詳しく説明します。）するとまず、当該の時点・場所において私が錯覚しているような無限個の可能世界――たとえば、「私がバナナを食べながら錯覚している可能世界」、「私がリンゴを食べながら錯覚している可能世界」、――と錯覚していないような無限個の可能世界――たとえば、「私がバナナを食べながら錯覚していない可能世界」、「私がリンゴを食べながら錯覚していない可能世界」等々――に分類することができます。そして、幽霊が存在する無限個の可能世界と存在しない可能世界との分類についても同様です。そのうえでこの両者の分類を組み合わせると、無限個の可能世界を次の四つに分類できることになります：

(当該の日時・場所において) 私が錯覚していて幽霊が存在する(無限個の)可能世界……(イ)
(当該の日時・場所において) 私が錯覚していて幽霊が存在しない(無限個の)可能世界……(ロ)
(当該の日時・場所において) 私が錯覚しておらず、幽霊が存在する(無限個の)可能世界……(ハ)
(当該の日時・場所において) 私が錯覚しておらず、幽霊が存在しない(無限個の)可能世界……(ニ)

注意すべきは、どんな可能世界であっても、必ずこの四つに分類されたグループのいずれかに入っているということです。たとえば、日本の国会議事堂が埼玉県にあるような可能世界も無限個ありますが、その無限個の世界も、

(当該の日時・場所において) 私が錯覚していて幽霊が存在し、日本の国会議事堂が埼玉県にある (無限個の) 可能世界

（当該の日時・場所において）私が錯覚していて幽霊が存在せず、日本の国会議事堂が埼玉県にある（無限個の）可能世界

（当該の日時・場所において）私が錯覚しておらず、幽霊が存在し、日本の国会議事堂が埼玉県にある（無限個の）可能世界

（当該の日時・場所において）私が錯覚しておらず、幽霊が存在せず、日本の国会議事堂が埼玉県にある（無限個の）可能世界

という形で四つに分類できます。そして、いまの「日本の国会議事堂が埼玉県にある」という命題を「日本の国会議事堂は埼玉県にはない」という命題に置き換えてもまったく同様の形で四つに分類できます。そして、日本の国会議事堂は埼玉県にあるか埼玉県にはないかのどちらかなのですから、両者を合わせた八つのグループに、すべての可能世界が含まれていることになります。

それはさておき、(イ)〜(ニ)の四分類に戻りましょう。それぞれのグループに属する可能世界のうち、「私が錯覚していたか、幽霊が存在するかの少なくともどちらかである。」という第一前提が成立するのは、(ニ)以外、すなわち、(イ)〜(ハ)のいずれかに属する世界です。そしてさ

らにそれらのうち、「私が錯覚していたということはない」という第二前提が成立するのは(ハ)しかありません。そして(ハ)に属する世界では、「私が錯覚しておらず、幽霊が存在する」のですから、「幽霊が存在する」という帰結も当然成立しています。これによって、どんな可能世界であれ、もしもその世界で第一前提と第二前提がともに成立しているならば帰結も成立していることが、厳密な形で「証明」されたことになります。すなわち、当該の論証に関連する論理語（この場合は、「……か……かの少なくともどちらかである」と「……ということはない」）に着目しながら可能世界を分類していくことによって、可能世界が無限個あったとしても第一前提と第二前提が成立しながら帰結は成立しないような可能世界は「ありえない」ということを示せたのです。**そのような必然性は、論理語の意味だけから帰結する必然性であるという意味において、まさしく、「論理的必然性」と呼ぶにふさわしいものでしょう。**

トートロジーと矛盾式

前節まででは、論証に伴う必然性、すなわち前提から帰結を導く際の一種の強制力とも言える必然性について考えました。論理学が扱う必然性には、それとは異なるもうひとつ重要な必然性があります。それは、「**論理的真理**」に伴う必然性です。その必然性は論証における必然性と密接に関係してはいますが、論証における必然性と論理的真理における必然性には、次のような重要な差異があります。それは、前者が前提としてのいくつかの命題と帰結としてのひとつの命題との「関係」に関する必然性であり、それらの前提から帰結を「推論する」ということにまつわる必然性であるのに対し、後者はあくまでもひとつの命題に関する必然性であり、その命題を「主張する」ということにまつわる必然性であるという相違です。

論理的真理の代表例としては、次のような命題が挙げられます：

私は錯覚していたか、錯覚していなかったかの少なくともどちらかである。

幽霊は存在するか、存在しないかの少なくともどちらかである。

これらは、それが真であるか偽であるかと尋ねられたとしたら、自分が錯覚していたのかどうかを確かめるまでもなく真であると言わざるをえないという点で、まさしく必然的に真である命題です。そしてこのような各論理的真理を一般化して、**任意の命題Pについて、**「P**か、Pということはないかの少なくともどちらかである**」と表現すると、やや古めかしい言い方での「論理法則」になり、特にこの法則は「**排中律**」と呼ばれます。また、現代論理学では、「論理法則」の代わりに、「**トートロジー**」とか「**妥当式**」などという名称で総称されます。

一方、論理的真理とは対照的に「論理的虚偽」ともいうべき次のような命題もあります：

私は錯覚していたと同時に錯覚していなかった。

幽霊は存在すると同時に存在しない。

これらは、それが真であるか偽であるかと尋ねられたとしたら、自分が錯覚していたのかどうかを確かめるまでもなく偽であると言わざるをえないという点で、まさしく必然的に偽である命題だと言えます。そして必然的に偽であるとは、真ではありえない、すなわち、真であることが不可能である式だとも言えます。これらは「**矛盾式**」と総称されます。

そして、上のような論理的真理でも論理的虚偽でもない次のような真理や虚偽が、通常の真理や虚偽であると言えます：

私は錯覚していた。

幽霊は存在する。

これらは、（論理的に）必然的でもなく不可能でもない式であるという意味で「（**論理的**）**偶然式**」と総称されます。

さて、このようにして、すべての命題をトートロジー・矛盾式・偶然式という三種類に分類できるわけですが、それぞれについてはどのようなことが言えるのでしょうか。その各々は、必然的に真・偶然的に真（または偽）・必然的に偽という性質を持つのですから、もっともすぐれた真理から始まって、もっともひどい虚偽へと向かう優劣の順序に沿って並んでいるような気もします。

ただ、トートロジーと矛盾式は、その全体を否定してやると一方が他方に早変わりするという、ある意味では親密な関係にあります。たとえば、「私は錯覚していたか、錯覚していなかったかの少なくともどちらかである」というトートロジーを否定して「〈私は錯覚していたか、錯覚していなかったかの少なくともどちらかである〉ということはない」という命題を作ると、それは矛盾式となります。一方、「私は錯覚していたと同時に錯覚していなかった」という矛盾式の否定によってできる「〈私は錯覚していたと同時に錯覚していなかった〉ということはない」という命題はトートロジーです。

さらに、次のような二つの主張について考えてみましょう。

明日は、雨が降るか降らないかの少なくともどちらかでしょう。
いま、あなたの実家が火事であると同時に火事ではありません。

前者のようなことを天気予報士が述べたとすれば、たしかに的中確率100％ではありますが、ただちにクビになるでしょう。逆に、後者のようないたずら電話を受けたとしても、たしかに虚偽ではありますが、おそらく「何言ってんだ?」、「変なやつ」という思いを抱くだけで、ほとんど無害でしょう。これらと次を比べてみましょう：

明日は雨が降るでしょう。

いま、あなたの実家が火事です。

前者は必ず的中するとはいえませんが、むしろだからこそ情報を含んでおり、少なくとも真である確率が高ければ、有用な主張だといえます。一方後者は必ず虚偽だとはいえませんが、だからこそ、虚偽である場合には、たちの悪いニセ情報となるのです。

こうしてみると、必然的に真であるからと言って、必ずしもトートロジーが最良の真であるわけではなく、同様に、必然的に偽であるからと言って、必ずしも矛盾式が最悪の偽であるわけではなさそうです。むしろ情報論的観点からは、偶然式にこそ価値があるのです。だとすれば、両者の性格や役割についてどのように理解すべきでしょうか。

まず、トートロジーについて考えましょう。**トートロジーは必然的に真である命題、すなわち偽であることがありえない命題です**。その結果として、情報量という観点から捉えると、まったく無価値な命題であることになります。実際、私たちが日常的に暮らしているなかで、トートロジーを人前であえて主張するような機会はほとんどないでしょう。そのようなことをしたら、矛盾式を主張する人と同じくらい「変な人」と見なされてしまうでしょう。

では、「必然的に真である」ということの価値はどこにあるのでしょうか。少なくともそれは、何らかの点で「論理」と関係する価値のはずです。そのような論理的観点から浮かび上がってくるのが、特に「論証の妥当性」との関係です。妥当な論証の定義を思い出しましょう。それは「**もし前提がすべて真であるならば、帰結も必然的に真である論証**」でした。

ここで重要なのが、「もしも前提がすべて真であるならば」という条件づけの部分です。いま、二つの前提A、Bから帰結Kを導く論証Rが妥当かどうか確かめたいとしましょう。その場合、A、Bがすべて真であると仮定して、そのような仮定のもとではKも必ず真であるといえるかどうかを考えることになります。しかし、A、Bだけからはなかなかの結びつきが見えてこない場合があります。そのようなときに、A、B以外の命題も前提に加えることによってA、Bどうしやそれらと Kとの関係を見やすくなることがあります。**問題は、どのような主張を加えるかです**。仮にその主張をHとしましょう。もしもHが偶然式であるとすると、それを前提に加えたうえで論証Rの妥当性について考えることはできません。なぜならその場合、結果として、「もしもA、B、Hがすべて真であるならば、Kも必ず真である」と言えるかどうかを考えることとなり、Hが真であるかどうかという余計な要素が加わることによって、もととは異なる論証の妥当性について判定することになってしまうからです。
これに対し、もしもHがトートロジーであるならば、Hは必ず真なのですから、「A、B、Hがすべて真である」ときと「A、Bがすべて真である」ときが結果的に一致するので、前提にHを加えた論証について「もしもA、B、Hがすべて真であるならば、Kも必ず真である」かどうかを考えることによって、もとの論証Rの妥当性について判定することができます。たとえば、論証R例として次のような論証を想定してみましょう：

もしも私がいま前進するならば、虎に襲われて私は殺されてしまう。
もしも私がいま前進しないならば、狼に襲われて私は殺されてしまう。
∴　私は殺されてしまう。

さて、この論証は妥当でしょうか。おそらく、多くの人は妥当だと判定するでしょう。そしてなぜ妥当なのか、と問われれば、「だって、私は前進するかしないかのどちらかしかないからだ」と答えるでしょう。そしてそれこそが、まさに上記のHに他なりません。つまり、**「PまたはPでない」という排中律を前提に加えるという作業を実質的に行っているのです。**

そしてトートロジーは、実は無限個あります。だとすれば、個々の具体的論証の背後にはそうした無限個のトートロジーが控えており、その中のいくつかのトートロジーが当該の論証と陰に陽に関係して論証の妥当性が成立するのだとも考えられます。また、トートロジーとは、論理語の意味によって必然的に真になるような命題形式だとすれば、論理語どうしの関係を示す命題だとも考えられます。たとえば、「もしも〈雨も雪も両方降っている〉ということはないならば、雨が降っていないか雪が降っていないかの少なくともどちらかである」という命題は、「もしも〈PそしてQ〉ということはないならば、〈Pということはないかまたはということはないかの少なくともどちらかである〉」と形式化されますが、これも（「**ド・モーガンの法則**」と呼ばれる）トートロジーのうちのひとつです。そしてこのトートロジーは、「もしも……ならば」、「そして」、「または」、「……ない」という論理語について、このように組み合わされると必然的に真となるような関係をそれらは互いに対して持っているのだということを示していると解釈できます。無限個のトートロジーの集合は、このような論理語どうしの関係のネットワーク全体を示すものであり、いわばそのようなネットワークが足場となって個々の論証の妥当性や非妥当性が成立するとも言えるのです。

トートロジーの中でも特に妥当な論証との関わりが深いのは、(a)「**もしも〈P_1そしてP_2そ**

して……P_n〉ならば、Q」という形式のトートロジーです。というのも、いま、n個の前提P_1、P_2、……、P_nからQを導く論証(α)が妥当かどうか確かめたいとしましょう。そのためには、もしもP_1、P_2、……、P_nがすべて真であるならば、Qは必然的に真であると言えるかどうかを確かめることになります。そしてここで、P_1、P_2、……、P_n（というn個の命題）がすべて真であるということは、(b)「P_1そしてP_2そして……そしてP_n」という（ひとつの）命題が真であるということと置き換えられます。このことと命題(a)がトートロジーであることとを併せて考えてみましょう。仮に命題(b)が真であるにもかかわらず命題Qが偽であるとしたら、(a)は偽となってしまうでしょう。命題「P_1そしてP_2そして……P_n」が成立しているにもかかわらず命題Qが成立していない以上、「もしもP_1そしてP_2そして……P_nならば、Q」とは言えないからです。したがって、(a)がトートロジーである限り、(b)が真であるときにはQも真とならざるをえないことになります。そしてこれは、論証(α)が妥当であることに他なりません。以上から、命題(a)がトートロジーであるならば、論証(α)は妥当であるということが言えます。そして、実はその逆、すなわち、論証(α)が妥当であるならば命題(a)はトートロジーであるということも言えます（ここではその証明は省略します）。つまり、ある特定の論証形式が妥当であるということは、ある特定の命題形式がトートロジーであるということに置き換えられるのです。このような形で、論証の妥当性は、一種の論理法則としてのトートロジーに支えられています。トートロジーが必然的に真であることの価値は、このような論証との関わりにあったのです。

一方、必然的に偽である命題としての矛盾式はどう捉えるべきでしょうか。必然的に真であること自体は必ずしも最良の真であることを意味せず、トートロジーの価値は先に述べたような論証との関係にあったのでした。これと同様に考えれば、必然的に偽であることは必ずしも最悪の偽であることを意味しないことになります。また、矛盾式とトートロジーは一方の否定が他方となるという表裏一体の関係にあるという点からも、矛盾式の意味合いについても論証との関わりの中で考えるべきでしょう。

実際、必然的に偽であるということ、すなわち、偶然式のようにときどき真になるという中途半端な命題ではなく絶対に真にはならない、いわば「腰の据わった」命題であるということは、論証のなかでうまく用いればかえって利点となります。このことを見るためには、まず「**対偶律**」と呼ばれる論理法則に対応するトートロジーについて注目することが有効です。対偶律とは、次のようなことを表現するトートロジーです：

〈もしもPならばQ〉ならば〈もしもQということはないならば、Pということはない〉…（β1）

たとえば、(c)「もしも雨が降っているならば地面が濡れている」と言えるならば、(d)「もしも地面が濡れているということはないならば、雨が降っているということはない」と言えるでしょう。命題(c)が正しい以上、雨が降れば地面は濡れるはずだから、地面が濡れていない限り、雨も降っているわけはないからです。そして、（β1）がトートロジーならば、その逆である次の（β2）もトートロジーであるといえます。

〈もしもPということはないならば、Qということはない〉ならば〈もしもQならばP〉…（β2）

というのも、（β1）のP、Qがそれぞれ「P'ということはない」「Q'ということはない」という否定命題だったとすると、（β1）は次のことを表現していることになります。

〈もしもP'ということはないならば、Q'ということはない〉ならば〈もしもQ'ということはないということはないならば、P'ということはないということはない〉

そして、「……ということはないということはない」という二重否定形は結果として「……ということである」という肯定形と同じ主張となるということを踏まえると、これは次のトートロジーに置き換えられます：

〈もしもP'ということはないならば、Q'ということはない〉ならば〈もしもQ'ならばP'〉

また、ここでP'とQ'にはどのような命題でも表現できるのですから、それをPとQという記号に戻してやっても何ら問題はないのです。

さて、いまPが真であるかどうかを確かめたいとしましょう。そして仮にいま、「もしもPということはないならばQ」という命題が真であることと、Qが矛盾式であることが判明したとしましょう。すると、対偶律により、「もしもQということはないならば、Pということはないことはない」すなわち「もしもQということはないならばP」も真であることになります。しかしここで、Qが矛盾式であることが判明しているのですから、Qは必然的に偽であり、結果として「Qということはない」という命題は必然的に真であることになります。

だとすれば、「もしもQということはないならばP」という命題における「もしも……ならば」という条件づけの部分は無視してもよいことになります。「もしも」どころか「必ず」〈Qということはない〉からです。その結果として、Pという命題が真であることが、これによって証明されたと言えます。

以上から、矛盾式は、最悪の虚偽であるどころか、対偶律を利用することによって論証に役立つ場合さえあるということがわかります。いま示した議論は、証明しにくい命題を証明する際に用いられる「**間接証明**」とか「**背理法**」と呼ばれるような証明技術とも関連しています。このような意味において、**矛盾式は、やはり「裏トートロジー」ともいうべき資格を持っていたのです。**

Column

コラム

「驚きの証明(2)」：過去は実在する。だから行けない

何か大きな失敗や挫折を経験した後に、それ以前の時点に立ち戻ってやり直したい、と思ったことが、誰でも一度ならずあるのではないでしょうか。しかし「後悔先に立たず」ということわざもあるように、現実にはそれが不可能であることも、誰しもわかっているでしょう。ただ、その不可能性はどのような意味でのどれくらい強い不可能性なのでしょうか。物理学的には可能だけれども、たまたま現時点での技術的限界のせいで不可能なのでしょうか？　それとも、「過去へ行く」という概念自体の中に隠れた矛盾が含まれているために、それは「論理的に」不可能なのでしょうか？

私自身は、過去へ行くことの不可能性は、純粋に「論理的な」不可能性ではないけれども、それに準ずるような強い意味での「形而上学的」不可能性だと考えています。というのも、その不可能性は「過去は実在するけれども未来は実在しない」という〈過去〉

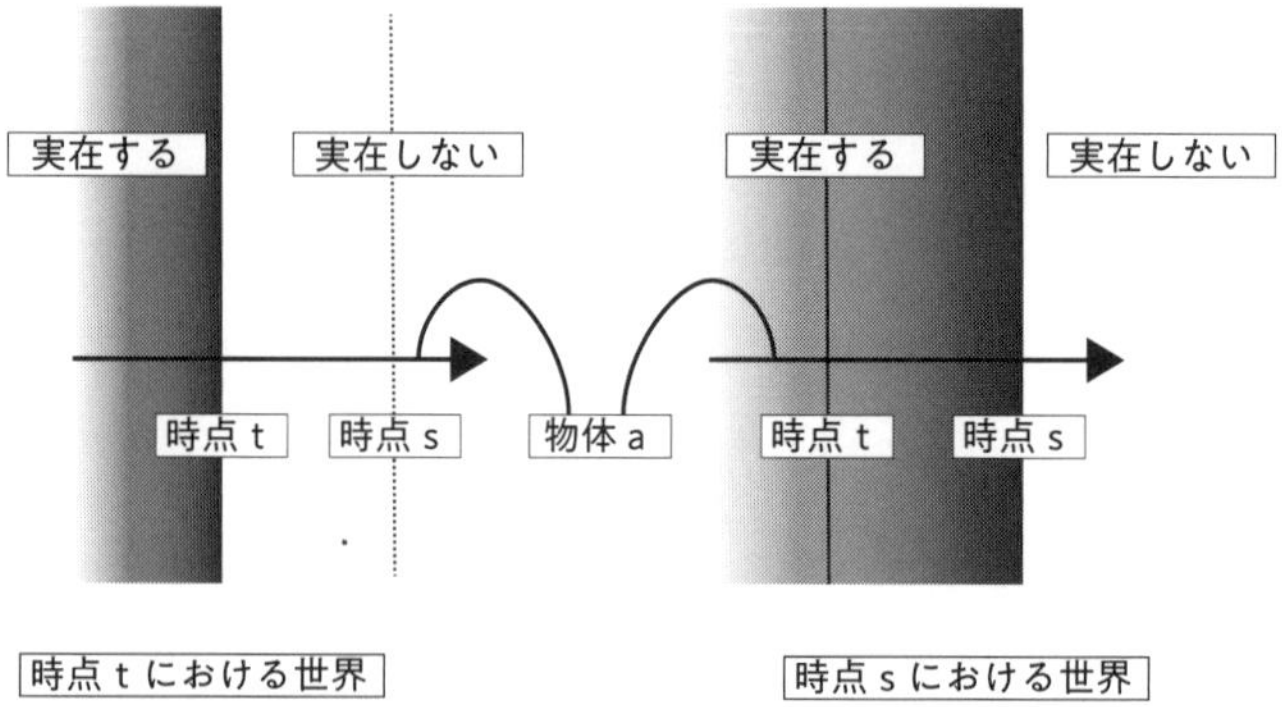

図1

と〈未来〉の時間論的・存在論的な非対称性に由来していると考えるからです。そのことを証明するために、まずは、そのような非対称性を次のように定式化します：「ある物体（生物や人物なども含む）が時点tの後に時点sを経過するならば、時点tでの世界においては時点s（＝時点tにおける未来時点）は実在しないが、時点sでの世界においては時点t（＝時点sにおける過去時点）は実在する。」（図1参照）

もしもこの命題（「命題①」と呼ぶことにします）を承認していただけるならば、「何らかの物体がある時点sを出発して、それ自身が存在する、それ以前の時点t（＝時点sにおける過去時点）へと行くことは矛盾を帰結する」ということが、次

Column

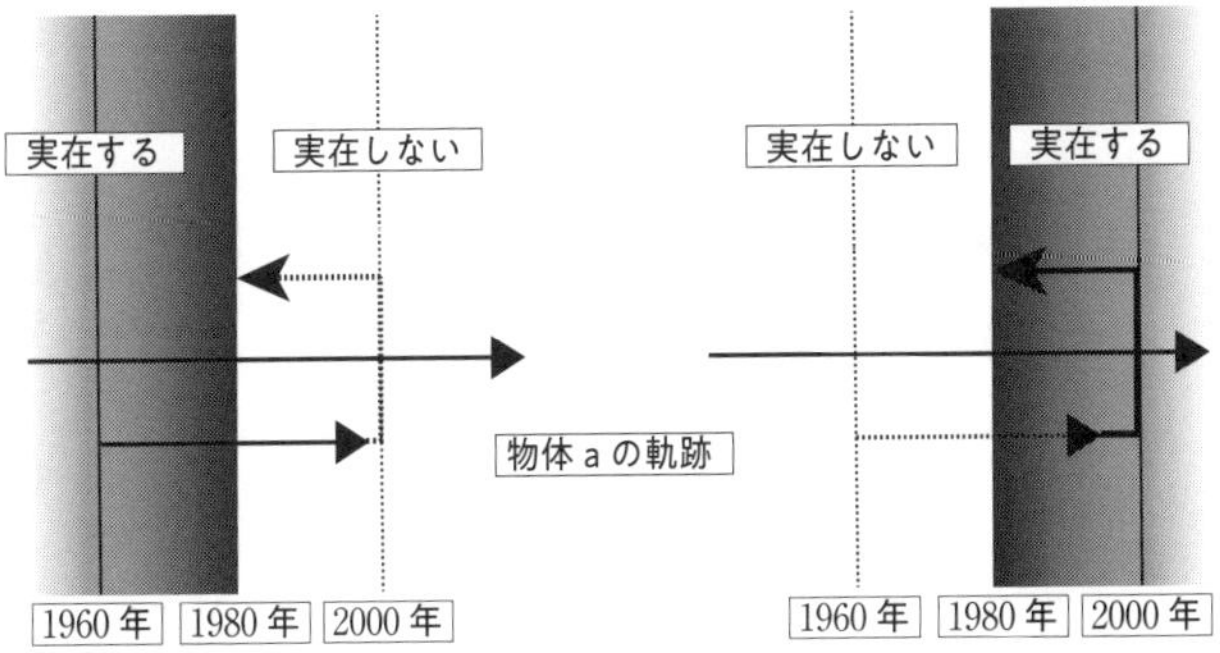

図2

のように証明できます（図2参照）：

(1)（たとえば）１９６０年に発生した物体が、（まだ持続していた）２０００年の時点から１９８０年の時点にタイムトラベルした。

(2)物体ａは１９８０年の後に２０００年を経過した。(1)で述べられた物体ａの（通常の）持続によって）

(3)１９８０年での世界において２０００年の時点は実在しない。(2)および「命題①」によって）

(4)物体ａは２０００年の後に１９８０年を経過した。(1)で述べられた物体ａのタイムトラベルによって）

(5)１９８０年での世界において２０００年の時

点は実在する。⑷および［命題①］によって）

⑹ ⑵と⑷は矛盾している。

上の証明では、1960年に発生し、少なくとも2000年までは持続的に存在していた物体aを事例としていますが、原理的にこの発生年はどこまでも遡れますし、消滅年もどこまでも先延ばしできます。そして物体aによる過去へのタイムトラベルの出発年と到着年も任意に設定できます。したがって、宇宙の誕生時から永遠に存在し続ける原子のような物体として物体aを想定すれば、いかなる時点からもそれ以前の時点へと行くことは不可能であることが証明されたことになるでしょう。

私たちは、いまだ実在しない未来の時点へ向けた行動によって、まさに未来時点での世界を「作っている」のだとも言えます。つまり、実在しないからこそ作れるのです。そしてその意味では、私たちは常に「未来に行く」ということを実践しています。これに対して、もはや作られてしまったものを（改めて）作ることはできません。「過去」は、すでに作られた実在となってしまっているので、もはやそこへ「行く」ことはできないのです。

第2章

「……ならば」の正体
――晴れた日にレインコートを着る子は良い子？　悪い子？

真理表

第1章で、代表的な「論理語」として「そして」、「または（……か……かの少なくともどちらか）」などを採り上げ、それらを含む妥当な論証や論理的真理について説明しましたが、これらは、「**命題論理**（**propositional logic**）」というタイプの現代論理学の「**真理表**」という方法を用いてコンパクトに表現できます。たとえば、第1章で採り上げた次の論証に着目しましょう：

私が錯覚していたか、幽霊が存在するかの少なくともどちらかである。しかし私が錯覚していたということはない。したがって、幽霊が（は）存在する。

まずは、この論証に現れる命題を次のように記号化することとします：

P：私が錯覚していた。　Q：幽霊が存在する。

そのうえで、それぞれの命題が独立に真でも偽でもありうることを踏まえると、その組み合わせとして次の四とおりの場合があることになります

(イ)　PもQも真である場合
(ロ)　Pは真だがQは偽である場合
(ハ)　Pは偽だがQは真である場合
(ニ)　PもQも偽である場合

	P	Q
(イ)	真	真
(ロ)	真	偽
(ハ)	偽	真
(ニ)	偽	偽

表１

このことを、「真理表」と呼ばれる上のような表１によって表現できます。

さて、すでにお気づきの読者もおられると思いますが、これら(イ)〜(ニ)の四とおりの場合は、第1章で示した次の四とおりと完全に一致しています：

（当該の日時・場所において）私が錯覚していて幽霊が存在する（無限個の）可能世界……(イ)

（当該の日時・場所において）私が錯覚していて幽霊が存在しない（無限個の）可能世界……(ロ)

（当該の日時・場所において）私が錯覚しておらず、幽霊が存在する（無限個の）可能世界……(ハ)

（当該の日時・場所において）私が錯覚しておらず、幽霊が存在しない（無限個の）可能世界……(ニ)

つまり、表1の各行（＝横の並び）は、これらの各可能世界（の集合）を表していると解釈できます。その結果、第1章で説明したように、**すべての行を合わせれば、これによって**

すべての可能世界が分類し尽くされたことになるのです。

次に、「**または**（＝……か……かの少なくともどちらか）」（**選言**）「**…ということはない**」（**否定**）**という表現をそれぞれ「∨」「￢」という記号で表すことにすると**、「私が錯覚していたか、幽霊が存在するかの少なくともどちらかである」「私が錯覚していたということはない」という各命題は、それぞれ「**P∨Q**」「**￢P**」**と表すことができます**。「￢」が「P」の前に置かれていますが、それは英語での「it is not the case that……」という表現のようなものと考えてください。そのうえで、これらの命題が(イ)〜(ニ)の各場合において真なのか偽なのかを考えると、上のような表2を作ることができます。

	P	Q	P∨Q	￢P
(イ)	真	真	真	偽
(ロ)	真	偽	真	偽
(ハ)	偽	**真**	**真**	**真**
(ニ)	偽	偽	偽	真

表2

そしてこの表を見れば、上の論証のうち、それぞれ「P∨Q」と「￢P」によって表される「私が錯覚していたか、幽霊が存在するかの少なくともどちらかである」、「私が錯覚していたということはない」という二つの前提がともに真になるのは、(ハ)行の場合しかないこと、そしてその(ハ)行では、論証の帰結である「Q」が真であることが、一目瞭然です。そしてこのことは、これら二つの前提が真であるような可能世界では、必ず帰結も真であるということとして解釈できます。つまり、上の論証の妥当性がこの真理表によって示されているわけです。

また、第1章で示した論理的真理の例として「私は錯覚していたか、錯覚していなかったかの少なくともどちらかである。」を採り上げてみましょう。この命題は、「P∨¬P」と記号化できます。これに対応する真理表は表3のようになります。

	P	P∨¬P
(A)	真	真
(B)	偽	真

表3

つまり、この場合は、命題「Q」は関係していないので、「P」が真であるか偽であるかにそれぞれ対応する(A)、(B)の二行だけですみます。また、「P」が真である場合は「¬P」が偽であり、逆に「P」が偽である場合は「¬P」が真であることを踏まえると、「P」か「¬P」かのいずれか少なくとも一方が必ず真になるので、**「P∨¬P」も必ず真となる**と言えるのです。

そしてこの真理表は、先ほど見た四行から成る表2と対応づけることができます。先の表1の(イ)、(ロ)をまとめた行が(A)で、(ハ)、(ニ)をまとめた行が(B)だと考えられるからです。つまり先の表2では、「P」、「Q」それぞれの真偽に即しながらすべての可能世界を四とおりに分類したのに対し、この真理表では、「P」単独の真偽に即しながらすべての可能世界を二とおりに分類しているのです。したがってこの場合も、ただ分類が粗いだけで、(A)、(B)の二行によってすべての可能世界が分類し尽くされていることに変わりはありません。その結果、この真理表によって「**P∨¬P**」が**すべての可能世界で真であること、すなわちこれが必然的に真である「トートロジー」である**ことが、示されていることになるわけです。

以上のように、真理表は、論証の妥当性や命題の論理的真理性について判定するための便利なツールなのですが、そもそもなぜそのような機能を持っているのかと言えば、真理表は、ある形で論理語の意味を定義していると考えられるからです。と、さらりと述べてしまいましたが、実は、論理語の意味を定義する、というのはとても難しいことです。というのも、第一に、そもそも言葉の「意味」とは何なのか、ということ自体が哲学的な大問題だからです。そしてなかでも**特に捉えることが難しいのが「論理語」の意味**なのです。

たとえば、仮にあなたの名前が「山田太郎」だとしましょう。そして「山田太郎」という固有名の意味は？　と尋ねられたならば、とりあえず自分を指さして「これです」と答えることによって、少なくともその語が「表しているもの」としての意味を「示す」ことはできそうです。しかしこれが「テーブル」という一般名の意味は？　と尋ねられたらどうでしょうか。先ほどと同じように目の前にあるテーブルを指さして「これです」と答えればよいか、というとそういうわけには行きません。テーブルは他にも山ほどあるからです。しかし、その場合も身近なテーブルをいくつか指さして、「これらのようなものです」と答えることによって何とかごまかせるかもしれません。しかし、さらに、それらがとても美しいテーブルだったとして、「美しい」という語の意味は？　と尋ねられたらどうでしょう。説明はさらに難しくなるでしょう。そして最後に、「または」の意味は？　とか「…ということはない」の意味は？　と尋ねられたらどうでしょうか。そもそもどのようなものを示せばよいのかもわからず、途方に暮れるのではないでしょうか。

　このように、論理語の意味そのものが何であるか、という問いは答えることがとても難しいので、一歩退いて、「論理語の意味を知っている人はどのようなことができるのか？」という問いについて考えてみましょう。ひとつの答えは、「**論理語の意味を知っている人は、論理語を含む文を適切に使うことができる**」ということです。では、どのような場合に、論理語を含む文を適切に使えていることになるのでしょうか。そもそも「文を適切に使える」というのはどのような場合なのでしょうか。たとえば、「いま雨が降っている」という文について考えてみましょう。いま、天気は快晴だとします。そして、横にいるAさんが空を見上げて「いま雨が降っている」と言ったとしましょう。その場合、明らかにAさんは何かおかしいということになるでしょう。そのおかしさには二とおり考えられます。ひとつは、Aさんの頭の中で何か変調が起きている、たとえば、寝ぼけているとか、熱に浮かされて幻覚を見ている、などということが考えられます。しかし、そうではなくAさんは明らかに正常だとしたら、もうひとつ考えられるのは、Aさんは、実は「いま雨が降っている」という文の意味を知らないで使っているということでしょう。

この場合、Aさんは何を知らなかったのでしょうか？　もちろん、これにもいくつかの可能性がありますが、ひとつの答えは、「いま雨が降っている」という文をどのようなときに発話することが適切であるかを知らなかった、ということです。そして、この場合の「適切さ」にも色々な場合がありえますが、ひとつのわかりやすい場合が、〈**その文の発話が適切なのは、その文がまさしく「真である」ときである**〉という意味での適切さです。つまり、「いま雨が降っている」という文を適切に使える人が知っているのは、その文がどのようなときに真であり、どのようなときに真でないか、ということだと言えます。そして、ある文がどのようなときに真であるか、ということを、哲学や論理学ではその文の「**真理条件**」という言葉で表します。Ａさんが知らなかったのは、「いま雨が降っている」という文の真理条件だったのです。

さて、では「いま雨は降っていない」という文の意味を知っている人、すなわちこの文の真理条件を知っている人とはどのような人でしょうか。それは、雨が降っていないときにだけ「いま雨は降っていない」と発話する人ということになりますが、そのようなことができるためには、まずは「雨が降っている」という文の真理条件を知っていなければならないでしょう。そのうえで、たとえば雨が止んだときに「いまはもう雨は降っていない」と発話すれば、それは適切な発話だということになるでしょう。そして、このような発話ができる人が、まさしく論理語としての「……ない」という否定語の意味を知っている人だ、ということになります。さらに欲を言えば、たとえば室内で激しい雨音が聞こえているときに、「いま雨が降っていないということはない」などというわゆる「二重否定」表現を用いた発話ができれば、論理語としての否定語の意味をさらに深く知っていると言えるでしょう。

「いま雨は降っている」という文を「Ｒ」によって記号化したうえで、いま述べたことを真理表で表現すると、上の表４のようになります。

	R	¬R	¬¬R
(A)	真	**偽**	真
(B)	偽	**真**	偽

表４

つまり、この表では、「R」によって表される文「いま雨が降っている」が真偽いずれであるかによって(A)(B)二とおりの場合に分けているのですが、(A)の場合のように真である文「R」に対して否定語が適用されたときは偽となり、逆に(B)の場合のように偽である文「R」に対して否定語が適用されたときは真となるということを「¬R」の下の列によって示しています。さらに、「¬R」に対してもう一度否定語を適用すると、(A)(B)それぞれの場合の真偽が再度逆転して、結果的に最初の「R」と真偽が一致する、ということが、「¬¬R」の下の列によって示されています。結局のところ、否定語とは、文の真偽を逆転させる役割を果たす語であったのです。**否定語の意味を理解している人とは、文の真理条件を変化させるそのような否定語の機能を理解している人だと言える**でしょう。

これと同様のことは、表2の右から2列目で示した「または（……か……かの少なくともどちらか）」にも当てはまります。その列は、「私は錯覚している」、「幽霊が存在する」という各文のそれぞれの真理条件に基づいて「私が錯覚していたか、幽霊が存在するかの少なくともどちらかである」という文の真理条件がどのように決定されるか、ということを表しています。そして、「または」という論理語の意味を知っている人は、このような形で「または」という語がそれを中心的に含む文の真理条件に貢献するということを理解している人だと言えます。他にも、**「そして」という論理語**（連言）を「∧」という**記号で表すと**、その意味を同様に上のような表5によって示すことができます。

	P	Q	P∧Q
(イ)	真	真	**真**
(ロ)	真	偽	**偽**
(ハ)	偽	真	**偽**
(ニ)	偽	偽	**偽**

表5

つまり、この真理表は、「私が錯覚しており、そして、幽霊が存在する」という文が真であるのは、「私が錯覚していた」および「幽霊は存在する」という両方の文が真である場合だけだという形で「そして」を中心的に含む文の真理条件を与え、そのことによって「そして」という論理語の機能としてのその意味を示しているのです。

そして、これらのように真理表というものを解釈したとき、**妥当な論証や論理的真理の必然性は、まさしく論理語の意味によって、そしてそれのみによって、もたらされるような必然性である**という意味で、「**論理的な必然性**」だと言えることになるでしょう。

「…ならば」の真理表

さて、論理語としては他にも、他にも第1章で紹介した次のような論証にも含まれている「(もしも)…ならば」という語(「**条件法**(**conditional**)」と呼ばれます)を挙げられます：

もしも私がいま前進するならば、虎に襲われて私は殺されてしまう。
もしも私がいま前進しないならば、狼に襲われて私は殺されてしまう。
∴　私は殺されてしまう。

そして、この「……ならば」を「→」という記号で表すと、通常、その意味を示す真理表としては表6が与えられます。(なお、「→」の左側の命題を「**前件**」、右側の命題を「**後件**」と呼びます。)

しかし、今までの「……ということはない」「または」「そして」の場合に比べて、なぜこのような真理表となるのかが、直観的にはわかりにくいのではないでしょうか。そこで、各行について、なぜこうなるのか検討してみましょう。おそらく、この中で最も納得しやすいのは(ロ)行だと思われます。たとえば、「P」、「Q」で表される文をそれぞれ「いま雨が降っている」、「いま太郎君はレインコートを着ている」だとします。この場合、(ロ)行は、「いま、雨が降っているが、太郎君はレインコートを着ていない」という可能世界を表していることになります。もしもそうだとしたら、雨が降っているにもかかわらず太郎君はレインコートを着ていないのですから、「もしもいま雨が降っているならば、いま太郎君はレインコートを着ている」という文は明らかに偽だということになるでしょう。もしもその文が真であり、実際に雨が降っているならば、太郎君はレインコートを着ていなければならないはずだからです。そして事実、この文を表す「P→Q」の下に来る最右列の(ロ)行は、偽となっています。

	P	Q	P→Q
(イ)	真	真	**真**
(ロ)	真	偽	**偽**
(ハ)	偽	真	**真**
(ニ)	偽	偽	**真**

表6

次に納得しやすいのは、おそらく(イ)行でしょう。(イ)行は、「いま、雨が降っており、太郎君はレインコートを着ている」という可能世界を表しています。そして、その可能世界では「もしもいま雨が降っているならば、いま太郎君はレインコートを着ている」という文が真となる、ということが最右列の(イ)行によって示されています。たしかに、いま雨が降っていて、実際に太郎君はレインコートを着ているならば、この文を偽と判定する積極的理由はないので、真か偽かと問われれば、やはり真ということになるでしょう。

問題は(ハ)行と(ニ)行です。この二つの行ではいずれも「P」が偽である可能世界、すなわち、いま雨は降っていない可能世界を表していますが、この真理表によれば、その場合は、「Q」が真であろうが偽であろうが、すなわち、太郎君がレインコートを着ていようがいまいが、「P→Q」すなわち「もしもいま雨が降っているならば、いま太郎君はレインコートを着ている」という文は真であるということになります。これは何かおかしいのではないでしょうか。

しかし、これらのうち、(ニ)行については、もしも(イ)行で「P→Q」が真であるならば、この行も真であると見なすべき理由があります。というのも、前章で紹介したように、「……ならば」については、「**対偶律**」という次のような論理学上の法則が成立すべきだからです：

〈もしもPならばQ〉ならば〈もしもQということはないならば、Pということはない〉（β1）

(イ)行によると、もしも「P」も「Q」も真である場合、この対偶律の中に現れる〈もしもPならばQ〉は真であることになります。そして（β1）は論理法則なので、当然、全体として真とならなければならないのですが、もしもこの対偶律の後半の〈もしもQということはないならば、Pということはない〉が偽だとしたら、(ロ)行にしたがって、(β1)は偽となってしまいます。だとすれば、やはり〈もしもQということはないならば、Pということはない〉も真でなければならないでしょう。そして(イ)行では「P」も「Q」も真なので、逆に「Pということはない」と「Qということはない」はともに偽となります。

　このことを順番を入れ替えながら述べ直すと、「Qということはない」「Pということはない」がともに偽である場合は、両者を合わせて作られる〈もしもQということはないならばPということはない〉という文は真だということになります。そのうえでさらに「Qということはない」「Pということはない」をそれぞれ「Q'」「P'」で表現し直せば、〈もしもQでないならばPでない〉も〈もしもQ'ならばP'〉と表現し直されること、すなわち、「Q'」「P'」がともに偽であるときは〈もしもQ'ならばP'〉は真であるということが成立します。ちなみに、先ほどの表6での(イ)〜(ニ)行での「P」「Q」の真偽を固定したまま「Q'」「P'」「Q'→P'」を用いて真理表を作成すると、次頁の表7のようになります。そしてこのうちの(イ')行によって、「Q'」も「P'」も偽である場合は「Q'→P'」が真となることが示されているわけです。また、この表を上から(ニ')(ロ')(ハ')(イ')の順に並べ直すと、表6と一致するということも、89頁の

	Q'（= ¬ Q）	P'（= ¬ P）	Q'→P'（= ¬ Q→ ¬ P）
（イ'）	偽	偽	真
（ロ'）	真	偽	偽
（ハ'）	偽	真	真
（ニ'）	真	真	真

表7

表8によって確認できます。

さて、対偶律を用いた以上の説明によって、表6の㈡行、すなわち「P」「Q」両方が偽であるとき、「P→Q」は真となるということが納得できるのであれば（そう期待しますが）、残るは㈧行のみだということになります。㈧行での真偽について検討するために、次のような状況について考えてみましょう。いま、太郎君（5歳くらいということにしておきます）は、お母さんに言われて「雨が降っているときにはレインコートを着る」と約束しているとします。そしてその約束を守った場合にはご褒美をもらえるけれどもその約束を破ったらお仕置きされることになっています。さて、太郎君はとてもそのレインコートが気に入っており、いま雨が降っていないけれどもたまたまレインコートを着ていたとします。それと同時に早熟の太郎君はなぜか論理学を知っており、雨は降っていないけれど

	Q’（= ¬ Q）	P’（= ¬ P）	Q’→P’（= ¬ Q→ ¬ P）
(ニ’)	真	真	真
(ロ’)	真	偽	偽
(ハ’)	偽	真	真
(イ’)	偽	偽	真

表８

も自分がレインコートを着ている(ハ)行のような場合は「もしもいま雨が降っているならば、いま太郎君はレインコートを着ている」という文が真であるため約束は守られているという根拠によって、ご褒美を要求したとします。これはいかにも無理な話ではないでしょうか。しかし一方、なぜかお母さんは論理学嫌いであるため、そのような場合は「もしもいま雨が降っているならば、いま太郎君はレインコートを着ている」という文は実は論理学に反して偽であるので約束は破られたと主張して、雨が降っていないときにレインコートを着ている太郎君をお仕置きするとしたら、これはこれで太郎君があまりにかわいそうでしょう。太郎君に悪意はなく、ただレインコートが好きで着ていただけだからです。

おそらく常識的には、「雨が降っているときにはレインコートを着る」という約束が守られたか否かは、雨が降っているときにのみ問題となることである、と考えるでしょう。そして実際、表６の(イ)行と(ロ)行は、それに正しく対応しています。しかし、(ハ)行と(ニ)行の場合のように、雨が降っていない場合は、その約束は守られたとも破られたとも言えないので、真偽に対応させるならば、真とも偽ともいえない、と考えるのが適切な判断ではないでしょうか。

しかし、先ほど示したように論理学的観点からすると、少なくとも(ニ)行については、「P→Q」を真とすべき理由があります。また、これまで見てきた「または」、「そして」、「……ということはない」についてはどの行でも真か偽どちらかの値であったのに、「……ならば」についてだけ例外を認めるということになると、それ相応の理由が必要となります。実際それは、現代の標準的な論理学で採用されている「**二値原理**」という原則に反することになります。論理学では、**上の各表で示したような**「**真**」「**偽**」を、**真理に関する**「**値**」**という意味で**「**真理値**」**と呼ぶ**のですが、「**二値原理**」**とは、すべての命題が**「**真**」、「**偽**」**いずれか一方だけの真理値を必ず持つ**、という原理なのです。

さて、ここまで何の説明もなく「**命題**」という論理学用語を使ってきましたが、大雑把に言えば、「**有意味な平叙文**（**またはその主張内容**）」という意味だと考えてください。したがって、二値原理は「あなたは誰ですか？」などの疑問文や「早く行きなさい」などの命令文に対しては適用されませんし、文法的には正しい平叙文であっても「フニャフニャはハレハレだ」、「目の前で偶数が走っている」などの不可解な文には適用されません。あくまでもそれは「有意味」でなければならないのです。ただ、有意味な平叙文であれば必ず二値原理が適用できるかというと、実は必ずしもそうだとは言い切れない面もあります。

たとえば、「光源氏は、はしかで死んだ」という平叙文について考えてみましょう。これは明らかに有意味な平叙文ですが、果たして真偽いずれかだと言えるでしょうか。というのも、まず、光源氏はあくまでも『源氏物語』という物語中の架空の人物ですので、そもそも真偽を問題にできないかもしれません。ただ、そのような場合は、物語の内容に即して真偽を決めればよいと思われるかもしれません。しかし、仮にそう考えたとしても、この文については真偽を決定できません。なぜなら、源氏物語は五十四帖から成っており、光源氏はそのうちの「雲隠巻」において亡くなったということになっているのですが、実はこの巻はそのタイトルだけから成っており中身がないのです。また、他の巻にも彼の死に方に関する叙述は含まれていないので、光源氏はどのようにして亡くなったのかということについては決めようがありません。ただ、そのような場合にも、「決めよう」がないだけで、光源氏がはしかで死んだかそうでないかのどちらかであるということは揺るがないので、やはり真偽いずれかだと考えるべきかもしれません。

他にも、真偽が定まりそうにない平叙文として、「**嘘つきのパラドクス**」と総称されるいくつかの文があります。その中で最も分かりやすいと思われるのが「いま私が述べていることは偽である」という文です。この文も有意味な平叙文だと思われますが、これに二値原理が適用されるべきだとすると、真か偽かのどちらか一方であることになります。では、真だと仮定してみましょう。すると、この文が真であるということは、その文で述べられているとおりのことが成立しているということであり、その文は「いま私が述べていることは偽である」と述べているのですから、それは偽だということになります。つまり、この文が真とめしたらそれは同時に偽でもあるということになってしまい、そのいずれか一方でなくてはならないという二値原理に反してしまいます。一方、その文が偽だと仮定すると、「いま私が述べていることは偽である」ということが偽なのですから、二値原理を踏まえる以上、偽であることが偽であるということ、すなわち、真であるということになります。つまり、この場合も、この文が偽だとしたらそれは同時に真でもあるということになり、先ほどと同じように二値原理に反してしまいます。そして両者を合わせると、真ならば偽だが、偽ならば真であり、真ならば偽であり、偽ならば……というようにぐるぐる回っていつまでも定まらない、ということになりそうです。

というわけで、**そもそも「二値原理」というものを承認すべきかという問題、さらには、二値原理が適用される「命題」とは何なのか、ということ自体が論理に関わる哲学的な大問題**であり、実際、二値原理を放棄した「**三値論理**」、「**多値論理**」などの非標準的な論理学も現代では存在します。しかし、現代の標準的な論理学では二値原理が採用されていますので、ここではそれに従って(ハ)行の真理値を真偽いずれかに定めたいと思います。そこで、仮にその値が（表6に反して）偽だとしてみましょう。その場合、「P→Q」の真理値は表9の(う)列のようになります：

	(あ)	(い)	(う)	(え)
	P	Q	P→Q	Q→P
(イ)	真	真	真	真
(ロ)	真	偽	偽	偽
(ハ)	偽	真	偽	偽
(ニ)	偽	偽	真	真

表9

しかし、この場合PとQの位置が入れ替わっても（その結果、(ロ)行と(ハ)行が入れ替わっても）真理値は変わらないことになるので、この表の(え)列で示したように、「P→Q」の真理値はすべての行において「Q→P」の真理値と一致してしまいます。だとすると、たとえば、「もしも雨が降るならば地面が濡れる」という命題と「もしも雨が降るならば地面が濡れる」という命題は常に真理値が同じだということになってしまいます。これはいかにもおかしいのではないでしょうか。明らかに両者は異なる主張をしているはずだからです。「もしもPならばQ」という形の条件法命題とは、「P」が成立すれば「Q」も成立する、という意味での「P」に対する「Q」のある種の依存性を表していると考えられますから、やはり「P」が「Q」に依存するということと「Q」が「P」に依存するということは区別されるべきでしょう。

実は、(う)(え)列で示された真理値は、「P」と「Q」が同じ真理値を持つことを表す「**同値**（**equivalence**）」記号とか「P→Q」と「Q→P」の両方が成立するという意味での「**双条件法**（**biconditional**）」**記号と呼ばれる**「↔」で両者を結んだ式「P↔Q」の真理値を表しています（この命題形式を日常語に対応づけるときは、「**Pとき、そしてそのときに限り、Q**」と表現されます）。そして実際、表6によって規定される「→」の真理値に基づくと、「P→Q」と「Q→P」の両方が成立するということを表す「(P→Q)∧(Q→P)」は、表9の(う)(え)列で示される真理値と一致することが、「**真理値分析**」と呼ばれる方法によって次のように確認できます：

表10の(う)列は、表6にしたがった「P→Q」の真理値を示しており、(お)列も表6において「P」

と「Q」の位置を入れ替える（その結果、(ロ)行と(ハ)行を入れ替える）ことによって帰結する「Q→P」の真理値を示しています。そのうえで、表5によって「∧」を**最も中心的な論理語**（「**主要論理語**」、「**主要演算子**」などと呼ばれます）とする式に対して規定される真理値を参照すれば、「(P→Q)∧(Q→P)」の真理値が(え)列によって示されることになります。そしてこれを見れば、表9の(う)(え)列で示されたような「P↔Q」の真理値と一致していることが確認できます。

	（あ）	（い）	（う）	（え）	（お）
	P	Q	(P→Q)	∧	(Q→P)
（イ）	真	真	真	**真**	真
（ロ）	真	偽	偽	**偽**	真
（ハ）	偽	真	真	**偽**	偽
（ニ）	偽	偽	真	**真**	真

表10

そして実際、(ハ)行での「P→Q」の真理値が真となることに対する違和感の少なくとも一部は、いま示したような双条件法命題の真理値のあり方によって説明できるように思われます。というのも、私たちがたとえば「もしも雨が降っているならば太郎君はレインコートを着ている」という条件法命題を主張するとき、実は暗に「もしも雨が降っていないならば太郎君はレインコートを着ていない」ということも同時に主張している場合が多いと思うからです。もしもそうだとすれば、先ほど紹介した対偶関係によって、それは「もしも太郎君がレインコートを着ているならば雨が降っている」ということを主張しているとも見なせるので、結果的に「**もしも雨が降っているならば太郎君はレインコートを着ているが、同時に、もしも太郎君がレインコートを着ているならば、雨が降っている」という双条件法命題を主張する**ことになり、その場合は、(ハ)行の真理値は偽となるのです。

以上のように、二値原理からの要請という観点で考えると、(双条件法ではなく)**条件法**命題の(ハ)行を真とすることには一定の論理学的根拠があります。しかし理由がそれだけだとしたら、ただ論理学の勝手な都合でむりやり「もし…ならば」の意味を決めているように思われるかもしれません。もちろん、第1章で述べたように、論理学が「規範学」である以上、日常的用法の如何にかかわらず、条件法の意味を表6(85頁)で示したような形のものとして捉える「べき」だと提案しているのだとも考えられます。とはいえ、そのようにして提案される意味が、できるだけ日常語の用法に近い方が望ましいということは否めないでしょう。そして実際、表6で提示されているような条件法の意味を、日常語に関連づけながら正当化する方法があります。それは、**より日常語の用法に近いと思われる他の論理語の意味を利用して条件法の意味を理解するという方法**です。次の表11に着目してください。

	(あ)	(い)	(う)	(え)	(お)	(か)	(き)
	P	Q	¬	(P	∧	¬	Q)
(イ)	真	真	**真**	真	偽	偽	真
(ロ)	真	偽	**偽**	真	真	真	偽
(ハ)	偽	真	**真**	偽	偽	偽	真
(ニ)	偽	偽	**真**	偽	偽	真	偽

表11

この表では、表10を用いて示したのと同様の手続きによって、「¬(P∧¬Q)」の真理値が、その主要演算子である最初の否定記号の列すなわち(う)列によって表されています。そして、すでにお気づきだと思いますが、その真理値は、表6で示された条件法命題の真理値と一致しています。このような場合、**「P→Q」と「¬(P∧¬Q)」は、「論理的に同値」**であると言われます。これによってわかるのは、**「P→Q」と「¬(P∧¬Q)」は、表現方法は異なるけれども、実は同じことを意味する**のだ、ということです。これは、たとえば「3×2」と「2+4」は、表現方法は異なるけれども、ともに同じ数6を表している、という事情と似ています。そして本当に「P→Q」が「¬(P∧¬Q)」と同じことを意味するのであれば、後者を利用して前者の意味を理解できることになります。では、後者はどのような意味になるでしょうか。いま、先ほどと同じように「P→Q」

が「もしも雨が降っているならば太郎君はレインコートを着ている」を表している、すなわち、「P」が「雨が降っている」、「Q」が「太郎君はレインコートを着ている」を表しているとすると、「¬(P∧¬Q)」における「P」、「Q」にその意味を代入すれば、後者は「雨が降っているのに太郎君がレインコートを着ていない、ということはない」ということを表していることになります。そして実際、「もしも雨が降っているならば太郎君はレインコートを着ている」ということは、「雨が降っているのに太郎君がレインコートを着ていない、ということはない」ということだと考えられるのではないでしょうか。「雨が降っているならば太郎君はレインコートを着ている」と言えるためには、雨が降っているときに太郎君がレインコートを着ないわけにはいかないからです。もしも着ていなかったとしたら、まさしく「もしも雨が降っているならば太郎君はレインコートを着ている」とは言えなかったのだ、ということになるでしょう。

いまの場合は、否定と連言を用いた命題に条件法命題を還元したことになりますが、次の表12で示されるように、**否定と選言を用いた命題に条件法命題を還元することもできます。**

この場合も、「¬P∨Q」の真理値を示す(お)列で、やはり「P→Q」と同じ真理値となっ

	(あ)	(い)	(う)	(え)	(お)	(か)
	P	Q	¬	P	∨	Q
(イ)	真	真	偽	真	**真**	真
(ロ)	真	偽	偽	真	**偽**	偽
(ハ)	偽	真	真	偽	**真**	真
(ニ)	偽	偽	真	偽	**真**	偽

表12

ていることがわかります。すると、先ほどと同じように考えれば、「もしも雨が降っているならば太郎君はレインコートを着ている」は「雨が降っていないか、または、太郎君はレインコートを着ている」と同じことを意味していることになります。これは「¬(P∧¬Q)」の場合ほどは明らかでないかもしれません。しかし、たとえば雨模様の日の外出先でふと自分が傘を持っていないことに気づいたとしましょう。その際、「もしも傘を持って出たならば、どこかで置き忘れてきた」という条件法命題が頭に思い浮かんだとしたら、まさにそれは、「(勘違いで実は)自分は傘を持って出ていなかったのか、または、(やはり)どこかで置き忘れてきたのだ」ということを意味することになるでしょう。

ただ、今の説明は、「自分が傘を持って出なかった」という命題と「傘をどこかで置き忘れてきた」という命題、すなわち、「¬P」と「Q」が両立不可能であることを利用しています。傘を持って出なかった以上、それをどこかで置き忘れるということはありえないからです。言い換えれば、**この場合の「￢PまたはQ」における「または」は、**「￢P」と「Q」のどち**らか一方だけが成立し、両方ともが成立することはない**、という意味でのいわゆる「**排他的選言**」であり、「∨」**によって表現される「両立的選言」すなわち「￢P」と「Q」の両方が成立していることも許される場合の「または」とは異なっている**ということが欠点と言えば欠点です。

	P	Q	P⊻Q
(イ)	真	真	**偽**
(ロ)	真	偽	**真**
(ハ)	偽	真	**真**
(ニ)	偽	偽	**偽**

表13

しかし、一方でこのことは、先ほど表10を用いて示した、**私たちが日常的に用いている条件法は往々にして実は双条件法なのではないか**、という点を再確認させてくれます。というのも、排他的選言を「⊻」で表すとすると、その真理値は上の表13によって表されます。

すなわち、「∨」で表される両立的選言の場合は(イ)行が真となりますが、排他的選言の場合は偽となるのです。そして、**実はこの排他的選言は、通常の両立的選言を用いて「(P∨Q)∧￢(P∧Q)」**と表せます。つまり、「PとQの少なくとも一方が成立しているけれども、

	(あ)	(い)	(う)	(え)	(お)	(か)	(き)	(く)	(け)	(こ)
	P	Q	(P	∨	Q)	∧	¬	(P	∧	Q)
(イ)	真	真	真	真	真	**偽**	偽	真	真	真
(ロ)	真	偽	真	真	偽	**真**	真	真	偽	偽
(ハ)	偽	真	偽	真	真	**真**	真	偽	偽	真
(ニ)	偽	偽	偽	偽	偽	**偽**	真	偽	偽	偽

表14

その両方が成立しているということはない」と表現すればよい訳ですが、実際、そのことは、次の表14によって示せます。

さて、これを踏まえたうえで、**「¬PまたはQ」**を、**排他的選言を用いた「¬P⊻Q」と解釈してみましょう**。これを表14の方法にしたがって両立的選言を用いた表現に還元してみると、「(¬P∨Q) ∧¬ (¬P∧Q)」となります。そしてこの式は、第1章でも示した「**ド・モーガンの法則**」という論理法則などを用いて次の論理的に同値な式に変形できます：「(¬P∨Q) ∧(P∨¬Q)」。そして「¬P∨Q」「P∨¬Q」がそれぞれ「P→Q」「Q→P」と論理的に同値であることを踏まえれば、この式を「(P→Q) ∧ (Q→P)」と変形でき、さらに表10で示したように、これは「**P↔Q**」に変形できるのです。

以上が示しているのは、次のようなことです：「もしも傘を持って出たならば、どこかで置き忘れてきた」という条件法命題を選言と否定を用いて言い換えた「（勘違いで実は）自分は傘を持って出ていなかったのか、または、（やはり）どこかで置き忘れてきたのだ」という命題における「または」は、その「傘を持って出ていない」ということと「傘を置き忘れた」ということが両立不可能なので、本来、排他的選言として解釈されるべきだったのですが、実はそのように解釈すると、**結果的にその命題は、通常の双条件法を用いた「自分が傘を持って出たとき、そしてそのときに限り、どこかで置き忘れてきた」という命題となる**ということなのです。だとすれば、私たちが日常的には「もし……ならば」という条件法表現を双条件法の意味で用いがちだということは、必ずしも不当なことではなく、まさしく排他的選言としての「または」を用いながら「自分は傘を持って出ていなかったのか、または、（やはり）どこかで置き忘れてきたのだ」という主張を正当に行っていたのだ、とも解釈できることになるでしょう。

　また一方で、「または」を両立的選言として解釈した場合にも、次のように考えれば選言と否定への条件法の還元は納得できるのではないでしょうか：いま雨が降っている、すなわち〈「P」は真である〉とします。すると、「雨が降っていない、ということはない」、すなわち、〈「¬P」は偽である〉ということになります。そして「雨が降っていないか、または、太郎君はレインコートを着ている」（＝「¬P∨Q」は真である）ならば、もはや雨が降っていないとはいえない（＝「￢P」は偽である）以上、結局太郎君はレインコートを着ている、すなわち、〈「Q」は真である〉ということになるでしょう。つまり、以上を端折れば〈「P」が真であるならば、「Q」が真である〉という意味で「P→Q」が真であるということになるのです。

あるいは、次のように考えることもできます。**もともと任意の命題Pについて「￢P∨P」が真である**と言えます。これは、先ほど表3を用いて示したように、伝統的に「**排中律**」と**呼ばれていた論理法則に対応するトートロジー**だからです。そして「P」に「いま雨が降っている」を代入すると「いま雨が降っていないか、または、いま雨が降っている」ということになります。そのうえで「￢P∨P」のうちの「P」が真である、すなわち「雨が降っている」とするならば、それに「P→Q」すなわち「雨が降っているならば太郎君はレインコートを着ている」を加えると、結局「Q」が真である、すなわち「太郎君はレインコートを着ている」ということになります。したがって、**〈「￢P」が真であるか、「P」が真である〉とすれば、それは結局、〈「￢P」が真であるか「Q」が真である〉ということになる、という意味で、「￢P∨Q」が成立する**と言えるでしょう。

さて、かなり長い話となってしまいましたが、以上の説明によって、条件法の真理条件が

表6によって示されるものとなることをある程度は納得していただけたのではないでしょうか。**表6のような真理表によって意味を規定される条件法は、「実質条件法（material conditional）」と呼ばれます。**

Column

コラム

「驚きの証明(3)」：髪の毛が一本もなくてもハゲではない

私もご多分に漏れず、日々減りゆく頭髪の行く末を案ずる今日この頃なのですが、「あなたは決してハゲではない」とただ慰めで言ってくれるだけでなく、そのことを「論理的に証明」してくれるのだとしたら、なんとありがたいことでしょうか。そして実際、そうした夢のような証明が存在するのです。（なお、ここで用いられている「ハゲだ」「ハゲる」という言葉は、それぞれ「髪の毛が薄い」「髪の毛が薄くなる」という言葉のあくまでも「短縮形」であって決して蔑視語ではないということを、自らのためにも（笑）、強調しておきます。）

その証明は、ただ二つの前提から成るシンプルなものであり、その第一前提は、「髪の毛が百万本ある人はハゲではない」です。人間の髪の毛の数は、正常な（？）場合、だいたい十万本～十五万本程度のオーダーだそうですので、この第一前提は当然承認されるべきでしょう。もしもそれが不満だというならば、百万本を一千万本でも一億本でも、お望みの数に変更して構いません。

第二前提は、「もしもある人がハゲでないならば、その人よりも一本だけ髪の毛が少ない人もハゲではない」です。これはいかにも怪しげな前提ですが、重要なのは、先ほども述べたとおり、ここでの「ハゲだ」という言葉は（「スキンヘッドだ」という意味ではなく）「髪の毛が薄い」という意味で用いられているということです。つまりこの言葉は、「背が高い」「色白だ」「太っている」などと同類のいわゆる「曖昧語」の一種であり、その結果、その語が適用できるか否かの境目が明確ではない、というところに特徴があります。

実際、あなたはいま自分の毛量に十分自信があり、自分はハゲではないと思っているとしましょう。そしてあるとき、自分の髪の毛が一本はらりと目の前に落ちるのを目撃したとします。その瞬間、「いま、私はハゲた。」と思う、などということがあるでしょうか。そのような瞬間はありえない、というのが曖昧語の曖昧語たるゆえんではないでしょうか。

ただ、ひょっとすると、次のように反論されるかもしれません。「一本の髪の毛の差は、

Column

通常の場合はたしかに大した差ではないかもしれない。しかし、たとえばオバQ（昔のアニメのキャラです）のように、髪の毛が三本しか無いとしよう。その場合、三本が二本になるということは、髪の毛の三分の一が一挙に失われるということであるから、大損失である。そうだとすれば、この第二前提は常に正しいとは言えないのではないか。」

気持ちはわかるのですが、これは第二前提に対する反論にはなりません。というのも、第二前提は、あくまでも「もしもある人がハゲでないならば」という条件付きの主張を行っているのであり、そして髪の毛が三本しか無い人はどう考えても「ハゲである」ので、オバQは残念ながら、この第二前提に対する「反例」とはならないのです。まさしくこれは、（実質）条件法命題の前件が偽であるときは自動的にその命題は真になる、という生々しい実例だと言えます。

そしてこの第二前提を承認したとたん、もはや事実上、この証明は成功しています。というのも、これらの第一・第二前提を合わせることによって、「髪の毛が九十九万九千九百九十九本ある人はハゲではない」という命題が「論理的に証明」されたことになります。したがってもはやこれを否定することはできません。だとすれば、先ほどの第一前提をいま証明された命題に変更したうえで再度第二前提を合わせれば、

「髪の毛が九十九万九千九百九十八本ある人はハゲではない」ということも論理的に証明されるので否定することができません。だとすれば……。もはや明らかでしょう。この連鎖はドミノ倒しのように止めどなくどこまでも続いていき、ついには「髪の毛がゼロ本の人はハゲではない」という否定できない論理的帰結に至ってしまうのです。

かくして、「髪の毛が一本もなくてもハゲではない」ということが論理的に証明されたことになります。ただ、残念なお知らせとしては、同じ論法で「髪の毛が百万本あってもハゲだ」ということも証明できてしまいます（その具体的証明はお任せします）……これはこれで別の形での慰めになるかもしれませんが。

しかし、ここまで来ると、次のような冷たい反応が予想されます。「だから哲学者は困る。これこそ『机上の空論』の典型例だ。常識的に考えれば、たとえば『髪の毛が百本ある人はハゲではない』ということが証明されてしまったあたりで、『何かおかしい』ということに誰だって気づくはずだ。だからこのようなくだらない推論はいつだって簡単に阻止できるのだ。」いま紹介した証明にまつわる問題は、哲学の世界では「ソリテス・パラドクス」と呼ばれる古代ギリシャ以来の由緒正しい哲学的問題とされており、「曖昧さ」は今でも重要な哲学的テーマとなっているのですが、たしかにこのような問題は、

Column

哲学者のような浮き世離れした人たちだけが内輪で楽しんでいればよいのかもしれません。

ただ、実はそうも言っていられない事情が現代では発生しています。というのも、現代では「常識」というものを全く持ち合わせないあるものが登場し、しかも今では私たちの日常生活にとって欠かせないものとなっているからです。それは「コンピューター」です。現在では、コンピューターが私たちに代わって日常的な判断を行ってくれる場面が日々増加しているのですが、私たちが日常的に行っている判断のほとんどは曖昧な概念を用いた判断であり、それをコンピューターに代替させた場合、コンピューターはただプログラムされたことを忠実に実行するばかりなので、下手をすると「髪の毛が一本もなくてもハゲではない」という結論を堂々と導きかねないのです。

こうした問題を解決するひとつの方法として案出されたのが、曖昧語を含むような命題を処理するための「ファジー論理」という論理体系です。この論理体系では二値原理が否定され、真理値は0から1の任意の値を取ることができます。さらにそれに即した形で論理語を含む命題の真理条件や推論規則を定めることによって、「髪の毛が一本もなくてもハゲではない」というような極端な帰結が導かれることを防ぎます。「ファジー」

という言葉は、エアコンや洗濯機などの家電でのＡＩによるコントロールをアピールする場面で頻繁に用いられた結果、現在では我が国でもほとんど日常語化していますが、そのひとつの源はこのような現代論理学の応用にあったのです。

「実質条件法」の問題点

さて、舌の根も乾かぬうちに前言を翻すようで恐縮ですが、実は、**日常的な条件法を実質条件法として解釈することには、いくつかの大きな問題があります。**

ひとつは、「**関連性の違和**」と呼ばれる問題です。これについて、先ほど見たとおり条件法命題「P→Q」が選言命題「¬P∨Q」と論理的に同値であることを利用して説明しましょう。「P→Q」が「¬P∨Q」と論理的に同値であるということは、「P→Q」は「¬P」か「Q」の少なくとも一方が真であれば、すなわち、「P」が偽であるか「Q」が真であるかの少なくとも一方であれば、真であるということです。そして、その際、「P」と「Q」それぞれの主張内容の間に何らかの関連がある必要はありません。たとえば、「織田信長は商人である」、「東京は日本の首都である」という二つの命題について考えてみましょう。この場合、前者は偽であり、後者は真です。すると、「織田信長が商人である」という命題を前件とする条件法命題であれば、その後件がどのような命題であろうと、また、その命題が真であろうが偽であろうが、その条件法命題は真となりますので、たとえば、①「もしも織田信長が商人であるならば、東京は日本の首都である」、②「もしも織田信長が商人であるならば、大阪は日本の首都である」という怪しげな条件法命題がいずれも真であることになります。また、同時に、「東京は日本の首都である」という命題を後件とする条件法命題も、前件の内容と真偽にかかわらず真となりますので、①に加えて、③「もしも織田信長が武士であるならば、東京は日本の首都である」も真であるということになってしまうのです。

このような「関連性の違和」の問題のほか、条件法については、いわゆる「**反実条件法（counterfactual）**」に関する問題もあります。「反実条件法」とは、たとえば、④「もしも織田信長が暗殺されなかったとしたら、豊臣秀吉は太閤になれなかっただろう」、⑤「もしも日本の首都が大阪だったとしたら、コメディアンが首相になっていただろう」などのように、**仮に事実と反するようなことが成立していたとした場合に、どのようなことが成立していただろうかということを主張する条件法**です。このような条件法は、前件と後件の間に何らかの関連性がある限り、そのうちのいずれかは真であり、またいずれかは偽であるように思われます。たとえば④は真であり、⑤は偽であると考えることはそれなりに理に適っているのではないでしょうか。しかし、反実条件法では、前件が偽であるということが前提となっていますから、先ほど述べた理由により、**真理表に基づく限り、前件と後件の間にどれほど緊密な関連性があろうとも、すべての反実条件法が真とならざるをえない**のです。

　これら二つの問題のうち、まず、「関連性の違和」について考えましょう。この問題に対する**ひとつの対処法は「割り切る」**ということです。論理学は、論証の中で実際に用いられる条件法命題について分析すれば良いのですから、先ほど無理やりでっちあげた①〜③のような変則的な条件法命題は、そもそも通常の論証には登場しません。だとすれば、①〜③のような命題がたまたま正常な条件法命題と真理条件が一致するからと言って特に目くじらを立てる必要はなく、ただ「無視」するだけで済む話なのではないでしょうか。また別の言い方をするならば、**ある命題が表6で示されたような真理条件をもつことは、その命題が条件法命題であることの必要条件ではあるが十分条件ではないと考える**ということです。条件法の問題について考えているときに「必要条件」、「十分条件」などというそれ自体条件法が関係する用語を用いているので混乱するかもしれませんが、要するに、真正な条件法命題であるならば表6で示されたような真理条件を持つが、その逆——表6で示されたような真理条件をもつならばそれは真正な条件法命題である——は言えないということです。

　このような回答は、〈論理学とは結局、論証のための道具・技術にすぎない〉と、まさしく「割り切る」のであれば正当化できるかもしれません。しかし、論理学に対して条件法命題の「理解」を促進するという課題をも課すのであれば、やはり論理学は、条件法命題であるための必要条件だけではなく、できるだけその十分条件にも相当すると言えるような真理条件に近いものを提示することが望ましいでしょう。そして実際、改めて考えてみると、**そもそも真理表だけによって条件法命題の真理条件を与えるということには、原理的な問題がある**と思われます。

というのも、たとえば「雨が降っていれば地面が濡れている」、「aが4の倍数ならばaは偶数である」などの条件法命題の本来的な特徴というべきものについて考えてみましょう。**これらの命題は、まさしく何らかの「条件づけ」を行いながら何かを主張する、というところに特徴**があります。つまり、「〈地面が濡れている〉という後件による私の主張は、あくまでも〈雨が降っている〉という前件が示す条件のもとでのものなのだ」という**条件づけを行うことに、条件法命題による主張の主眼があるのではないでしょうか**。もしもそうだとすれば、前件と後件の間には何らかの内容的関係があるはずだと考えることは自然でしょう。ところが、真理表によって与えられる真理条件は、前件と後件の内容的関連性の有無にお構いなく、それぞれの真偽だけでそれらから構成される条件法命題の真偽をいわば強引に決めてしまうのです。

この不自然さは、命題「A→B」の真理条件が命題「¬A∨B」と一致しているということに着目するといっそう明らかになります。たとえば、「B」が「aは偶数である」という命題だとしましょう。そして、実際にaは偶数だとすると「B」が真だということになります。そして「¬A∨B」は、「¬A」または「B」の少なくとも一方が真であるということを主張する命題であり、そのうちの一方であるところの「B」が実際に真なのだとすれば、もはや「¬A」や「A」をはじめとするいかなる命題についても、それを「または」という選言を介して付加することはほとんど余計なことだとも言えるでしょう。ところが、「A→B」という条件法命題の本来的特徴は、あくまでもAという条件付けのもとでBという主張を行うという、両者の関係づけにあるのです。だとすれば、むしろAとBの無関係性を許容するところに特徴があるともいえる〈（真理表に基づく）選言命題〉と条件法命題との質的相違は明らかでしょう。

　では、**どのようにすれば条件法命題における前件と後件の関連づけができるのでしょうか。**この点について考える際に参考となるかもしれないのは、命題「A→B」と真理条件が一致する、先ほど見たもうひとつの命題「¬（A∧¬B）」について着目することです。先ほどは、「もしも雨が降っているならば太郎君はレインコートを着ている」という命題を「雨が降っているのに太郎君がレインコートを着ていない、ということはない」という命題に言い直しましたが、それと同じように「雨が降れば地面が濡れる」、「aが4の倍数ならばaは偶数である」という条件法命題を言い直すと、「雨が降っているのに地面が濡れていない、ということはない」、「aが4の倍数であるのにaは偶数ではない、ということはない」という命題となります。

しかし、よくよく考えてみると、これらの言い換えは少し弱すぎるのではないでしょうか。この点は特に最後の命題について顕著だと思われるのですが、この場合、私たちは単に「aが4の倍数であるのにaは偶数ではない、ということはない」と主張しているのではなく、むしろ「aが4の倍数であるのにaは偶数ではない、ということは**ありえない**」と主張しているのではないでしょうか。また同様に、「雨が降っているのに地面が濡れていない、ということはない」という命題にしても、「雨が降っていることと地面が濡れていないことが同時には成立していない」という単なる事実を述べているのではなく、「雨が降っている以上、地面が濡れていないということは**ありえない**」と主張しているのだと考えるべきでしょう。もちろん、これら両者における「ありえない」の意味は異なります。前者は数学的な意味での「ありえなさ」であるのに対し、後者は因果的な意味での「(特定の文脈内での)ありえなさ」でしょう。しかし、論理学は、そのような内容的な差違にこだわる必要は必ずしもありません。文脈に応じてその内実は変わるにせよ、条件法命題における形式としての共通性さえ剔出できればそれで十分なのです。

また、いま挙げたような条件法命題は、先ほど「関連性の違和」の説明の際に用いた、いわゆる「**必要条件**」、「**十分条件**」という概念における「条件」を表していると考えられます。たとえば、「もしもaが4の倍数であるならばaは偶数である」という条件法命題においては、aが4の倍数であることが、aが偶数であることの「十分条件」であり、また逆に、aが偶数であることが、aが4の倍4であることの「必要条件」であると言われます。そして、なぜそのように言われるかといえば、aが4の倍数でありさえすれば、もはやaが偶数でないことはありえないので、後者を成立させるためには前者が成立しているだけで十分であると同時に、後者が成立しないにもかかわらず前者が成立することもありえないので、後者は前者を成立させるために必要だからです。すなわち、**これらの「十分」、「必要」という概念と「ありえない」という概念は不可分**だと思われます。

そして、「ありえない」ということを多少難しく表現すると「不可能だ」ということになるのですが、「**様相論理**（**modal logic**）」と呼ばれる論理学では、「**Pということは可能である**」**という表現を「◇」という論理記号**（「**可能性演算子**」と呼ばれます）**を用いて「◇P」と**

記号化します。「可能である」、「不可能である」、「必然的である」、「偶然的である」などの表現は、同じ真理命題でもそれがたまたま真であるのか、それとも必然的に真であるのかといった「**真理のあり方**（**モード**）」としての「**様相**（**modality**）」を表していると考えられるので、たとえば**可能性・必然性にそれぞれ対応する**「◇」「□」などの論理記号は「**様相演算子**」と呼ばれ、その結果として、様相演算子を含む論理体系が「**様相論理**」と呼ばれるのです。

様相論理では、「Pということは不可能である（＝可能でない）」は「¬◇P」と記号化されることになります。また、「Pということは可能である」（たとえば「雨が降るということは可能である」）は、実は「Pでないことが必然的ではない」（たとえば「雨が降らないということは必然的でない」）と同じ意味であり、「**Pということは必然的である**」**という表現は**「**□P**」**と記号化**されますので、「◇P」は「¬□¬P」という形にも置き換えられます。その結果、「**¬◇P**」**も**「**¬¬□¬P**」へと置き換えることができ、さらに二重否定形を肯定形に置き換えれば、「□¬P」と記号化されることになります。したがって、「**Aであるのに Bでない、ということはありえない**」**ということを表す**「**¬◇(A∧¬B)**」**は**「□¬(A∧¬B)」**とも記号化**できます。そして、「¬(A∧¬B)」をそれと論理的に同値である「A→B」

に戻せば、「□(A→B)」すなわち「**もしもAナラバB、ということは必然的である**」あるいは、「**必然的に、もしもAナラバB**」**ということを表す命題**（「ナラバ」という表記によって実質条件法を表すこととします）となりますが、このような**必然性演算子**「□」**を冒頭に伴う条件法**を、表6のような真理表によって真理条件を与えられる「実質条件法」と区別して、「様相論理」では「**厳密条件法**（**strict conditional**）」と呼びます。

これを踏まえて先ほどの「雨が降れば地面が濡れる」、「aが4の倍数ならばaは偶数である」などの条件法命題に現れる条件法を捉え直すならば、これらは実は実質条件法だけを用いた命題ではなく「必然的に、雨が降るナラバ地面が濡れる」、「必然的に、aが4の倍数ナラバaは偶数である」という厳密条件法を用いた命題なのだということになります。すなわち、**日常語では表面的に現れていないけれども、実は暗黙に必然性を条件法のうちに読み込んでいたのだ**と考えられます。このような必然性が表面に表れないひとつの理由はおそらく、上のように必要条件・十分条件という概念が最も典型的に用いられる数学においては、すべての真なる命題が必然的に真であるので、いちいち「必然的に……」という形容を付けるのは余計だからだと思われます。こうした事情は、「雨が降れば地面が濡れる」のような条件法命題についてもある程度当てはまります。というのも、このような因果的命題にも、常に因果的あるいは自然法則的な必然性がほとんどの場合前提されているからです。

そして実際、「もし……ならば」という表現を厳密条件法として解釈するならば、先ほど示した、①「もしも織田信長が商人であるならば、東京は日本の首都である」、②「もしも織田信長が商人であるならば、大阪は日本の首都である」などの条件法命題は、実はそれぞれ、①'「必然的に、もしも織田信長が商人であるナラバ東京は日本の首都である」、②'「必然的に、もしも織田信長が商人であるナラバ大阪は日本の首都である」という命題であることとなり、だとすれば、いずれも偽であると主張することができます。これらの命題で主張されている必然性の成立、すなわち前件と後件の間に何らかの必然的な関係があるということに納得する人はいないだろうからです。

また、条件法を厳密条件法として解釈することによって、条件法にまつわるいくつかの論理学的な問題も解決できます。たとえば、**古典論理**では、次頁の表15で示すように、(a)「(P→Q)∨(Q→P)」という命題はトートロジーとなってしまいます。

したがって、たとえば⑥「〈もしも織田信長が商人であるナラバ、東京は日本の首都である〉か、または〈もしも東京が日本の首都であるナラバ、織田信長は商人である〉」という

	(あ)	(い)	(う)	(え)	(お)
	P	Q	(P→Q)	∨	Q→P
(イ)	真	真	真	**真**	真
(ロ)	真	偽	偽	**真**	真
(ハ)	偽	真	真	**真**	偽
(ニ)	偽	偽	真	**真**	真

表15

何とも奇妙な命題が、論理的真理として必然的に真であるということになってしまうのですが、これはどこか割り切れないのではないでしょうか。これに対し、⑥に現れる条件法を厳密条件法として解釈しなければならないのであれば、それは(a')「□(P→Q)∨□(Q→P)」と記号化されることになりますから、もはやその真理条件は、表15のような真理表によって表現できるようなものではなくなります。そして実際、⑥に現れる条件法を厳密条件法として解釈した場合の〈必然的に、もしも織田信長が商人であるナラバ東京は日本の首都である〉や〈必然的に、もしも東京が日本の首都であるナラバ織田信長は商人である〉という命題は、いずれも明らかに偽だと思われますので、(a')を論理的真理だと考える理由はないでしょう。

もちろん、「(P→Q)∨(Q→P)」という命題をそれと論理的に同値である(b)「(¬P∨Q)∨(¬Q∨P)」に置き換えるならば、後者は論理的に同値な形でさらに(c)「(¬P∨P)

$\lor (\neg Q \lor Q)$」と置き換えられることも明らかですので、(b)のように置き換えて考えた場合の⑦「〈織田信長は商人でないか、東京は日本の首都である〉、または、〈東京は日本の首都でないか、織田信長は商人である〉」を論理的真理であること考えることには、問題はないかもしれません。そうだとしたら、やはり問題は、〈もしも織田信長が商人であるならば、東京は日本の首都である〉や〈もしも東京が日本の首都であるならば、織田信長は商人である〉という命題に現れる条件法を、それぞれ〈織田信長は商人でないか、東京は日本の首都である〉や〈東京は日本の首都でないか、織田信長は商人である〉と論理的に同値な実質条件法として解釈することが不適切だったということになるでしょう。それらは、まさに厳密条件法として解釈されねばならなかったのです。

「厳密条件法」の問題点

では、厳密条件法であれば、私たちが日常的に用いる条件法のすべてをカバーできるのでしょうか。すなわち、厳密条件法であることは、日常語における条件法であるための必要条件である――実質条件法の場合のように――だけでなく、その十分条件でもあるといえるのでしょうか。哲学的問題の常として、残念ながら、そう簡単には行きません。第一に、実は**厳密条件法に関しても、実質的条件法における「関連性の違和」と類似の問題**が起きてしまうのです。実質条件法における「**関連性の違和**」**の問題とは、「A→B」という実質条件法命題は、Aが偽であるかBが真でありさえすれば、A, Bの内容的関連性の有無にかかわらず、自動的に真となってしまう**という問題でした。「□(A→B)」という厳密条件法命題は、この問題そのものは免れるのですが、それに代わって、**Aが不可能であるかBが必然的に真である場合、A、Bの内容的関連性の有無にかかわらず、自動的に真となってしまうという問題が発生します**。たとえば、「もしも1+1=3ならば織田信長は商人である」とか「もしも東京が日本の首都であるならば1+1=**2**である」などの妙な（厳密）条件法命題が真となってしまうのです。

そして第二に、実質条件法の問題のひとつとして、反実条件法を表現できないという問題がありましたが、実はこちらについても、それと類似の問題が厳密条件法にも当てはまってしまうかもしれないのです。この場合も、前件が偽であると自動的に真となってしまうということは厳密条件法には起きないため、実質条件法の場合の問題点そのものは避けられるのですが、そのことだけでは、厳密条件法によって反実条件法を表現できるということを必ずしも保証しません。実際、その証拠としてよく挙げられるのが、いわゆる「**直説法**(**indicative**)」と「**接続法**(**subjunctive**)」、それぞれの条件法を用いた次のふたつの例文です:

[(**直説法条件法による**) **命題①**]

もしもオズワルドがケネディを殺したのでないのならば、誰か他の者が殺したということだ。

[(**接続法条件法による**) **命題②**]

もしもオズワルドがケネディを殺さなかったならば、誰か他の者が殺していたであろう。

これらのうちの命題②が反実条件命題に相当しますが、明らかに両者の意味は異なるように思われます。そしてそうした相違の理由が、これら二つの条件法命題がまったく異質のものであることによるならば、仮に厳密条件法によって直説法の条件命題を十分に表現できたとしても、接続法の条件命題のためには、また別の条件法を割り当てなければならないことになるでしょう。

そして、実際、そのように区別すべきだと考える研究者が、現時点では圧倒的に多数です。その根拠として、直説法条件法では成立する基本的な論理法則や論理的関係が反実条件法では成立しないということがしばしば挙げられるのですが、そのひとつが、条件法の「推移性」に関する次のような相違です：

［（直説法条件法による）論証①］

もしも（FBIの現長官である）フーヴァーが移民であるならば、彼は苦労人である。

もしもフーヴァーがソ連生まれならば、彼は移民である。

∴　もしもフーヴァーがソ連生まれならば、彼は苦労人である。

［（接続法条件法による）論証②］

もしも（FBIの現長官である）フーヴァーがいま共産主義者だったとしたら、彼はスパイだったろう。

もしもフーヴァーがソ連で生まれていたとしたら、いま彼は共産主義者だったろう。

∴　もしもフーヴァーがソ連で生まれていたとしたら、彼はスパイだったろう。

これらの論証では、「もしもBならばC」、「もしもAならばB」という二つの前提から「もしもAならばC」という帰結を導いているので、〈同一命題（B）が二つの条件法命題における一方（「もしもBならばC」）の前件であると同時に他方（「もしもAならばB」）の後件となっている場合、後者の前件と前者の後件から成る条件法命題を両命題から導いてよい〉という意味での条件命題の「推移性」が主張されていると言えます。そして、**直説法と接続法を区別すべきだと主張する研究者によれば、上の論証①は妥当だけれども、論証②は妥当ではない**というのです。論証②の二つの前提が真であり、特にその第一前提の前件の成立によって現FBI長官のフーヴァーが実は共産主義者だったとすれば彼は明らかに米国を裏切っているスパイということになるでしょうが、だからと言って、帰結で主張されているように〈ソ連出身であることだけでスパイだ〉ということにはならないからです。

さて、厳密条件法に関する上の二つの問題はあまりにも大きな問題であるので、ここで十分に論ずることはできません。しかし、もしもそれらの問題を少なくとも一定程度において克服できるのであれば、すべての条件法命題を厳密条件法によって統一的に処理できるという点で望ましいことは間違いありません。そこで、最後にそのような克服の可能性を少し探っておきたいと思います。

まず、第一の問題点については、**厳密条件法を基本としながら条件法のいくつかのバリエーションを認める**、という方法があります。たとえば、前件が不可能であったり後件が必然的であったりすることが問題を引き起こすような文脈では、条件法を次のような形で規定してもよいかもしれません：

(1) $\Box(A \to B) \land \Diamond A$

(2) $\Box(A \to B) \land \neg\Box B$ または（それと論理的に同値である）$\Box(A \to B) \land \Diamond\neg B$

(3) $\Box(A \to B) \land (\Diamond A \land \neg\Box B)$ または（それと論理的に同値である）$\Box(A \to B) \land (\Diamond A \land \Diamond\neg B)$

また、場合によっては、(4)□(A→B)∧(◇A∨□B)のような形の条件法も考えられるかもしれません。実際、「はじめに」でも紹介したE.J.ロウは、「もしもNが最大の自然数であったとしたら、(任意の自然数に対して加算することが可能なので)Nよりも大きな自然数が存在することになってしまうだろう」という条件法命題を表現できるためには、(4)のように条件法を規定しなければならないと述べています。

最初にひとつ確認しておきたいのは、**これらの方法は、実質条件法ではほとんど意義を持たないということ**です。(1)~(4)に相当する実質条件法のバリエーションは次のようなものとなります：

(1')(A→B)∧A
(2')(A→B)∧¬B
(3')(A→B)∧(A∧¬B)
(4')(A→B)∧(A∨B)

しかし、これらはそれぞれ、(1")A∧B、(2")¬A∧¬B、(3")矛盾式、(4")Bと、論理的に同値となってしまいますので、事実上、条件法としての資格を失ってしまいます。

そして、この方法には類似の前例があります。それは、選言のバリエーションです。先に説明したように、選言には**両立的選言**と**排他的選言**があるのでしたが、前者を「A∨B」と表現したうえで、後者はそれに「￢（A∧B）」を加えて「（A∨B）∧￢（A∧B）」と表現することによって、「∨」に加えて「⊻」のような別の選言記号であえて導入せずに済ませられたのでした。これと同様に、今回は、基本的に条件法そのものは「□（A→B）」という厳密条件法だけで済ませたうえで、それに「◇A」や「￢□B」などを連言によって付加することによって、条件法のいくつかのバリエーションを表現したのです。これによって確かに条件法は一種類だけでなく複数の種類があることにはなりますが、条件法のそうした分化は小規模なものであり、**中心となる厳密条件法によって統一的に処理できている**と言えるでしょう。

次に、第二の問題点すなわち反実条件法に関する問題点について考えましょう。まず、上の命題①と②の相違についてですが、両者の意味が異なることは明らかです。しかし問題は、その意味の相違が、条件法そのものの相違による相違なのか否かということです。その点について考えるために、とりあえず両者をともに厳密条件法に則した形で言い換えると次のようになります：

［**命題**③］
オズワルドがケネディを殺したのではないのに誰か他の者が殺さなかった、ということはありえない。

すると、両者の相違は、命題③を用いながら次のような形で表現できるのではないでしょうか。

［**命題**①′］
（現実世界における現時点でケネディが殺されてしまっている以上、）オズワルドも誰か他の者もケネディを殺さなかった、ということは（現実世界における現時点ではもはや）ありえない。

［**命題**②′］
（ケネディを取り巻く諸状況が現実世界での状況とほとんど変わらないという想定のも

とでは、）オズワルドも誰か他の者もケネディを殺さなかった、ということは（現実世界の歴史情勢を考慮すれば）ありえない。

もちろんこの場合、命題①'と命題②'におけるそれぞれの「ありえなさ」の意味は異なります。前者では、時間依存的な不可能性が表されているのに対し、後者では全時間的または無時間的観点からの不可能性が表されていると考えられるでしょう。しかし、もしも両者の相違をこのような内容的相違に還元することによって論理形式を統一できるのであれば、少なくとも論理学的観点からはより好ましいでしょう。

では加えて、論証①と②の相違についても考えましょう。論証②は、より詳細に分析すれば、次のように補足されるべきではないでしょうか。

［論証②a］

もしも（FBIの現長官である）フーヴァーがいま共産主義者だったとしたら、［フーヴァーがFBIの長官であると同時に共産主義者であるような世界では］彼はスパイだったろう。

もしもフーヴァーがソ連で生まれていたとしたら、［フーヴァーがソ連で生まれているような世界では」いま彼は共産主義者だったろう。

∴　もしもフーヴァーがソ連で生まれていたとしたら、「フーヴァーがソ連で生まれ
　　ているような世界では」彼はスパイだったろう。

そしてこのような補足が適切なのだとしたら、当然、論証②aは妥当だとは言えないでしょう。**第一前提の後件と帰結の後件が異なる主張であるため、論証②aは、「もしもBならばC」「もしもAならばB」という二つの前提から「もしもAならばC」という帰結を導く論証とはもはや見なせない**からです。したがって、論証②aとして解釈された論証②は、反実条件法においては推移性が成立しないということを示す反例とはならないのです。

そして、論証②を「もしもBならばC」「もしもAならばC」という二つの前提から「もしもAならばC」という帰結を導く論証とするためには、論証②に現れるすべての反実条件法の補足を統一して、たとえば次のような論証②bのように変形しなければならないでしょう。

郵便はがき

料金受取人払郵便

日本橋局承認
1337

差出有効期間
2021年6月
19日まで

103-8790

052

東京都中央区日本橋小伝馬町1-5
PMO日本橋江戸通

株式会社 教育評論社
愛読者カード係 行

ふりがな		生年 明大 昭平 □□ 年	
お名前		男・女	歳
ご住所	〒 都道府県 区市・町 電話 （ ）		
Eメール	@		
職業または学校名			

当社は、お客様よりいただいた個人情報を責任をもって管理し、お客様の同意を得ずに第三者に提供、開示等一切いたしません。

愛読者カード

※本書をご購読いただき有難うございます。今後の企画の参考にさせていただきますので、ご記入のうえ、ご返送下さい。

書名

●お買い上げいただいた書店名

（　　　　　　　　　　　　　　　　　　　　）

●本書をお買い上げいただいた理由

□書店で見て　□知人のすすめ　□インターネット

□新聞・雑誌の広告で（紙・誌名　　　　　　　　）

□新聞・雑誌の書評で（紙・誌名　　　　　　　　）

□その他（　　　　　　　　　　　　　　　　　　）

●本書のご感想をお聞かせ下さい。

○内容　□難 □普通 □易　　○価格　□高 □普通

●購読されている新聞、雑誌名

新聞（　　　　　　　　）　雑誌（　　　　　　　　）

●お読みになりたい企画をお聞かせ下さい。

●本書以外で、最近、ご購入された本をお教え下さい。

購入申込書　小社の書籍はお近くの書店でお求めいただけます。直接ご注文の場合はこのハガキにご記入下さい。

書　名	部　数
	冊
	冊

ご協力有難うございました。

［論証②ｂ］

もしも（FBIの現長官である）フーヴァーがいま共産主義者だったとしたら、［フーヴァーがソ連生まれでFBIの長官であると同時に共産主義者であるような世界では］彼はスパイだったろう。

もしもフーヴァーがソ連で生まれていたとしたら、［フーヴァーがソ連生まれでFBIの長官であると同時に共産主義者であるような世界では］いま彼は共産主義者だったろう。

∴　もしもフーヴァーがソ連で生まれていたとしたら、［フーヴァーがソ連生まれでFBIの長官であると同時に共産主義者であるような世界では］彼はスパイだったろう。

そしてこのように変形すれば、各命題（特に第二前提）の主張内容には反実条件法としての不自然さが伴いますが、少なくとも形式的には、直説法条件法の場合と同様に、この論証は妥当だと言ってよいでしょう。だとすれば、さらに、論証②ｂに現れる条件法を、次のように厳密条件法の一種として解釈することも許されるのではないでしょうか。

［論証②c］

［フーヴァーがソ連生まれでFBIの長官であると同時に共産主義者であるような世界では］（FBIの現長官である）フーヴァーがいま共産主義者であるのに彼がスパイでないということは、ありえない。

［フーヴァーがソ連生まれでFBIの長官であると同時に共産主義者であるような世界では］フーヴァーがソ連で生まれているのに彼が共産主義者でないということは、ありえない。

∴［フーヴァーがソ連生まれでFBIの長官であると同時に共産主義者であるような世界では］フーヴァーがソ連で生まれているのに彼がスパイでないということは、ありえない。

さて、反実条件法による主張や論証を厳密条件法によって統一的に解釈する以上のような方法が、果たして適切なのか、また、仮にそうだとしても、そのように統一的には解釈できない他の事例は存在しないのか、といった疑問は依然として残るでしょう。しかし本書ではこれ以上追究することはやめて、後は皆さんに委ねたいと思います。

Column

コラム 「驚きの証明(4)」：あなたのすべての行為は無意味である

人は、どうしようもない不安に陥ったとき、無理矢理にでも自分を落ち着かせるために色々な手段を講ずるものですが、もしも「論理的証明」によってそれができるのだとすれば、その効果は強力であるかもしれません。実際、第二次大戦中にドイツ軍による「ロンドン大空襲」に晒されたロンドン市民は、次のような証明によってそのようなことを試みました：

あなたは爆弾で殺されるか殺されないかのいずれかだ。もしも殺されるのならば、あなたが予防策をとろうととるまいと、あなたは殺されるのだ。したがってこの場合、どんな予防策も無効だということになるだろう。もしも殺されないならば、あなたが予防策をとろうととるまいと、あなたは殺されないのだ。したがってこの場合、どんな予防策も余計だということになるだろう。つまりいずれの場合にせよ、予防策をとることには何の意味もない。

このように「結局はなるようになるのだから、じたばたしても無駄だ」という一種の宿命論（私は「ロンドンの宿命論」と呼んでいます）が、いわゆる「排中律」に基づく「あなたは爆弾で殺されるか殺されないかのいずれかだ」という論理的真理を根拠として立証されているのですが、もしもこの証明が成功しているのならば、たとえば「爆弾で殺される」を「入試で不合格となる」で置き換え、「予防策をとる」を「受験勉強する」で置き換えれば、「受験勉強には何の意味もない」ということも論理的に証明できてしまいます。実際、この証明を一般化すれば、何かを目的とする行為はすべて無意味だということになってしまうでしょう。これはいかにもおかしなことではないでしょうか。

改めてこの証明について検討してみましょう。この証明では、予防策は無効か余計かのどちらかであるということを理由として予防策に意味はないという帰結を導いています。そしてたしかに、「効果がない」か「無用である」かのどちらかだとしたら、「無意味である」と認めざるをえないでしょう。しかし、本当に予防策は無効か余計かのどち

Column

らかなのでしょうか。これらのうち、結果的に爆弾で殺されてしまった場合は、たしかに予防策の効果はなかったということになるかもしれません。しかし、結果的に殺されなかった場合についてはどうでしょうか。証明では、「もしも殺されないならば、あなたが予防策をとろうととるまいと、あなたは殺されない」（［命題①］とします）と主張されていますが、結果的に殺されなかったとすれば、それは予防策のおかげで殺されなかったのかもしれません。だとすれば、予防策は「余計」だとは言えないのではないでしょうか。

しかし、この反論にはいくつかの再反論が考えられます。第一に、［命題①］は次のように形式化できるかもしれません：

［命題形式①］

「(¬K→（P→¬K)）∧（¬K→（¬P→¬K)）」（K：「あなたは殺される」P：「あなたは予防策をとる」）

つまり、［命題①］は「あなたが殺されないならば、もしもあなたが予防策をとっても、あなたは殺されない。かつ、あなたが殺されないならば、もしもあなたが予防策をとらなくても、あなたは殺されない。」という主張として解釈しうるのですが、もしもこの解釈が正しければ、「命題形式①」はトートロジーですので、論理的に正しい主張だということになってしまい、もはや否定はできません。したがって、この再反論への再々反論を試みるとすれば、この解釈が不適切であることを立証するか、あるいは、まさにここで用いられている「実質条件法」そのものの問題点を指摘したりすることなどが求められるでしょう。

第二に、ロンドンの宿命論では、「あなたは爆弾で殺される（だろう）」という未来命題に排中律が適用されているのですが、これを過去命題に置き換えた場合、たとえば次のような証明となります：

あなたは（すでに判定が決着している）入試で合格しなかったか合格したかのいずれかだ。もしも合格しなかったのならば、あなたがいまになって合格を祈ろうと祈るまいと、あなたは合格しなかったのだ。したがってこの場合、どんな祈りも無効だということになるだろう。もしも合格したならば、あなたがいま合格を祈ろうと

Column

祈るまいと、あなたは合格したのだ。したがってこの場合、どんな祈りも余計だということになるだろう。つまりいずれの場合にせよ、いまになって合格を祈ることには何の意味もない。

そして、そもそも祈りというものに効果があるのかどうか、ということを度外視すれば、この証明は成功しているると考えられるのではないでしょうか。特に「もしも合格したならば、あなたがいま合格を祈ろうと祈るまいと、あなたは合格したのだ」（［命題②］と呼ぶことにします）は、先ほどの［命題①］と異なり、何の問題もなく正しいと思われるのではないでしょうか。もしもそうだとしたら、［命題①］と［命題②］は［命題形式①］を共有しているにもかかわらず、なぜ未来命題か過去命題かの相違だけで真偽の相違が生ずるのか、という問いに対して回答を与えなければならないでしょう。

というわけで、いずれにせよ、ロンドンの宿命論への反駁は、一見して思われるほど容易ではなさそうです。

第3章 「……である」の色々
——赤いものは青いものよりも橙のものに似ている？

「……である」の主題中立性

第1章で、論証の構造を形作っていく主題中立的な語として「論理語」というものを捉えました。この観点からすると、「……である」という表現はそのような論理語としての条件を満たしそうです。第一に、「……である」という表現は、次のように、ありとあらゆる主題に関して用いられます：

我が輩は猫である。

「1+1」は2である。

クォークは素粒子である。

赤は色である。

そして、たとえば次のような妥当な［論証①］について考えてみましょう。

［論証①］

羽柴秀吉は木下藤吉郎である。

羽柴秀吉は豊臣秀吉である。

∴　木下藤吉郎は豊臣秀吉である。

これは次のような論証形式αとして捉えられます：

［論証形式α］

AはBである。

AはCである。

∴　BはCである。

そして、論証の妥当性は、論理語によって形成される論証形式によって成立するということも確認しました。つまりこの場合で言えば、［論証形式α］を持つ論証は妥当であるということになります。実際、この形式を持つ次のような論証②も妥当となります：

［論証②］
7は5の次に大きい素数である。
7は四番目に小さい素数である。
∴　5の次に大きい素数は四番目に小さい素数である。

以上から、［論証形式α］は妥当な論証形式であると言えそうです。しかし、次の［論証③］について考えてみましょう：

［論証③］
豊臣秀吉は人間である。
豊臣秀吉は武士である。
∴　人間は武士である。

この論証も、［論証形式α］で示されるような形式を持っています。しかし、明らかに何かが変です。豊臣秀吉が人間であるとする第一前提も武士であるとする第二前提も真ですが、「人間は武士である」という帰結が真であるとすれば、私もあなたも武士であるということになってしまいますから、この帰結は明らかに偽です。だとすれば、すべての前提が真である場合に必ず帰結も真とならなければならないという妥当性の条件をこの論証は満たしていないことになります。

このようなことが起こってしまった理由は、**実は「……である」という表現が多義的**であるということです。「……である」のように、頻繁に用いられる語であればあるほど、その過程で色々な多義性を抱え込んでいくことが多く、特に論理的表現はその主題中立性のゆえにそのケースに当てはまりやすいと考えられます。**現代論理学は、そのような論理的表現の多義性を解消して一義的な表現へと変換することによって、論証の構造を明確化**します。その実例を上の三つの論証に即して見てみましょう。［論証①］、［論証②］の正しい［論証形式β］は次のようなものと考えられます：

［論証形式β］

AはBと同一である。

Aは C と同一である。
∴ Bは C と同一である。

一方、［論証③］は次のような論証形式γの例だと考えられます：

［論証形式γ］
（個体）aは（集合）Bの要素である。
（個体）aは（集合）Cの要素である。
∴ 集合Bは集合Cに含まれる。

つまり、［論証①］、［論証②］の中の「……である」はすべて個体どうしの関係としての**同一性関係**を表していたのに対し、［論証③］の前提の中の「……である」は個体と個体集合との関係としての**要素関係**を、［論証③］の帰結の中の「……である」は集合どうしの関係としての**包含関係**を表していたのです（なお、通常、集合自体も抽象的な個体と見なされるのですが、そのこと自体はここでの論旨には関係しません）。

そして、［論証形式β］と［論証形式γ］の形式化をもっと推し進めて日常的表現がまったく残らない形にすると、次のようになります：

［論証形式β］

$a=b$

$a=c$

$\therefore\ b=c$

［論証形式γ］

$a\in B$

$a\in C$

$\therefore\ C\supset B$

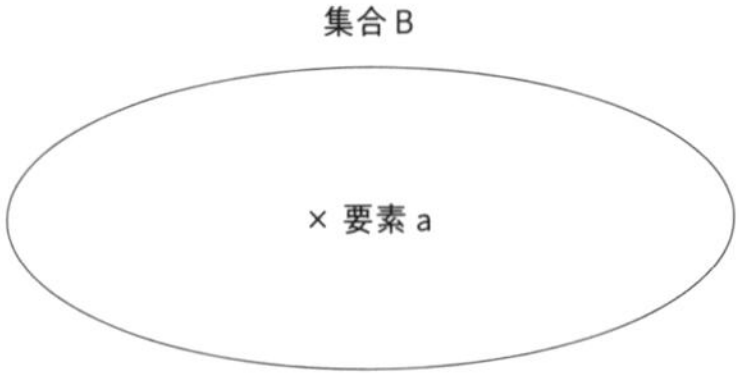

「個体aは集合Bの要素である」

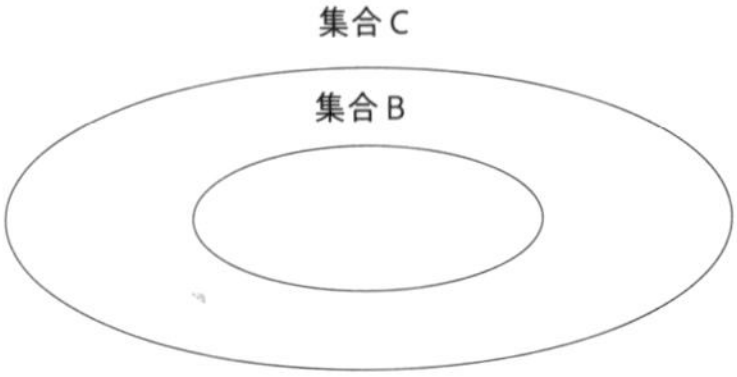

「集合Bは集合Cに含まれる」

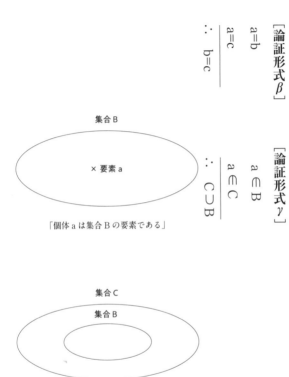

このような徹底した形式化は、「記号化」とも呼ばれ、現代論理学は「記号論理学（Symbolic Logic）」と称されることもあります。こうして記号化してみると、非常に効率的かつ明瞭に論証形式を明示化できることがわかるでしょう。（ただし、これらの記号法は、「**集合論**」と呼ばれる数学分野での記号法であり、現代論理学における実際の記号法はこれらといくつかの点で異なっています。現代論理学での記号法については、第4章で解説されます。）

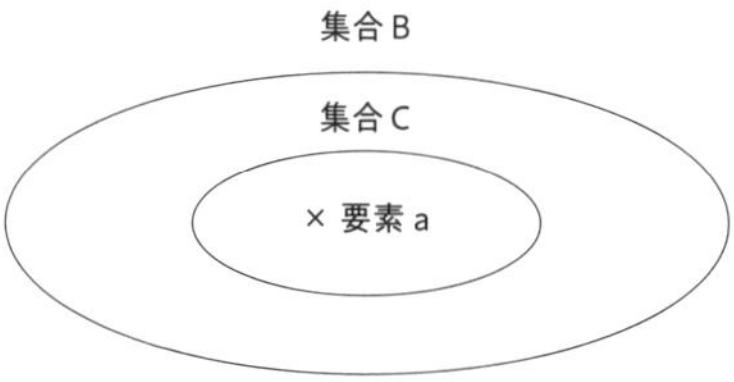

そして、このように［論証①］、［論証②］と［論証③］が異なる論証形式であることがわかれば、［論証①］、［論証②］が妥当であったとしても［論証③］がそうなるとは限らない、ということも明らかでしょう。形式が異なる以上、各命題どうしの論理的関係も異なっているからです。実際、［論証形式γ］が妥当でないことは、個体a、集合B、Cが上のような関係にある場合もあることを考えれば明らかです。

この場合、集合Bは集合Cに含まれておらず、逆に集合Cが集合Bに含まれています。現に、［論証③］の前提はこのような場合を示していたのです。

「……である」の一般化

さて、以上から、「……である」という表現には、少なくとも次の三種類があることがわかりました：

(a) **同一性を表す場合**
(b) **個体と集合の要素関係を表す場合**
(c) **集合と集合の包含関係を表す場合**

以上ですべてなのでしょうか。他に「……である」の種類はないのでしょうか。もちろん分類というものは、どのような観点から行うか、そしてどこまで詳細に区分するかによって、多様な形がありえます。ここで問題になるのは、あくまでも論理学的観点から考えたときに、以上の三種類で尽きているかということです。「論理学的観点」にも色々な考えがありうるので、このように絞り込んでも確たる答えが出るとは限らないのですが、後から見るように、少なくとも**いくつかの立場によるとこの三種類以外の「……である」も存在します。**

しかし、それらについて考える前に、「……である」という表現そのものについてもう少し一般化しておきましょう。これは特に(b)、(c)の「……である」について言えることなのですが、日常語では必ずしも「……である」という表現を用いていなくても、(b)、(c)で示されているような関係が表現されていると考えうる場合が往々にしてあります。たとえば次のような命題は(b)に分類できます：

「豊臣秀吉はたくましい」
「豊臣秀吉はすぐ怒る」
「豊臣秀吉が怒鳴っている」

これらの命題は、豊臣秀吉が、それぞれ、たくましい者、すぐ怒る者、怒鳴っている者の**集合の要素**であることを表現していると解釈しうるでしょう。

また、「ヘリウム分子は安定している」、「ロボットは壊れやすい」などの命題も、「ヘリウム分子は安定しているものである」、「ロボットは壊れやすいものである」と変換できますので、それぞれ、ヘリウム分子の集合と安定しているものの集合の**包含関係**、ロボットの集合と壊れやすいものの集合の**包含関係**を表す(c)タイプの命題だと考えられます。

さらに、次のような命題について考えてみましょう：

「木下藤吉郎は織田信長の家臣である」

「名古屋は東京と大阪の間にある」

これまで挙げた命題の多くは、豊臣秀吉のような単独の個体についてその属性を述べるものでしたが、これらはそれぞれ、木下藤吉郎・織田信長というふたつの個体や名古屋・東京・大阪という三つの個体の間で成立する**関係**を述べています。このような場合は、〈木下藤吉郎、織田信長〉という二つの個体から成る一対（順序も重要なので「**順序対**」と呼ばれます）が、主従関係にある対の**集合の要素**であり、〈名古屋、東京、大阪〉という三つの個体から成る三つ組み（「**順序三項**」）が中間関係を形成する三つ組みの**集合の要素**であると見なすことによって、要素関係を主張する命題の一種だと考えられます。（なお、項の順序関係は、名古屋が東京と大阪の中間にあるという実際の位置関係と一致する必要はありません）。そしてそれに対応して、「主従関係は上下関係である」や「中間関係は位置関係である」のような命題も、関係を表す集合の間の**包含関係**を主張する命題として解釈できるのです。以下では、**これらの命題も含む形で一般化された「……である」に相当する述語を用いて主張することを、「述定（predication）」と呼ぶ**ことにします。

では、以上のように一般化したうえで、まずは、少なくとも表面上、(c)タイプの集合間の包含関係として考えられそうな次の［命題ζ］について考えてみましょう：

［命題ζ］

「赤は色である」

この命題は、たとえば「パンダは生物である」という［命題θ］と似ています。つまり、［命題θ］がパンダは様々な種類の生物の中の一種であるということを表しているのと同様、［命題ζ］は、赤は様々な種類の色の中の一種であるということを表しています。そして［命題θ］は、パンダの集合は生物の集合に含まれるという意味として解釈できます。同様に命題ζも集合間の包含関係を表していると解釈すると、赤の集合は色の集合に含まれるという意味になります。

しかし、赤の集合とか色の集合とはどういうものなのでしょうか。赤いものの集合や色づいているものの集合ということでしょうか。もしもそうだとすると「命題ζ」は「赤いものの集合は色づいたものの集合に含まれる」ということを表していることになります。すなわち、結果として「命題ζ」は、「赤いものは色づいている（ものである）」という「命題ζ」と同じ意味であると見なされるということです。そして実際、「命題ζ」が真であるならば、「命題ζ」も真です。しかし、その逆、すなわち、〈「命題ζ」が真ならば「命題ζ」も真である〉（赤いものは色づいているということが真ならば、赤は色であるということが真である）と言えるでしょうか。

ここでひとつ重要なことは、「命題θ」や「命題ζ」は、一種の必然的な関係を述べているということです。パンダであれば生物でないことはありえないし、色でないとすればもはや赤ではありえないので、本当にパンダが生物であるとすれば、それは必然的に生物であり、赤が色であるならば必然的に色なのです。これに対して、たとえば、ある宝くじの当選者を調べてみたら、たまたま全員が独身者であった場合、「（その宝くじの）当選者の集合は独身者の集合に含まれている」ということが成立しますが、だからと言って誰も「当選は独身である」などという主張はしないでしょう。なぜかといえば、まさしくこの場合の「当選者は（全員）独身者である」ということは偶然的な事実でしかないからです。

そこで、次の命題について考えてみましょう。

［命題η'］

「赤いものは拡がっている（ものである）」

この場合の「拡がり」は二次元的でも三次元的でも構いません。二次元的な場合はゼロより大きい面積を持つということであり、三次元的な場合はゼロより大きい容積を持つということになります。この［命題η'］は真であり、しかも必然的に真でしょう。なぜなら、赤であれ青であれ、とにかく色を持つためには最低限の拡がりを持たなければならないからです。たしかに赤い点というものを想像できそうな気はしますが、もしも想像できているとしたら、その場合の点は、拡がりのない本当の点ではなく、非常に小さな点状の拡がりでしょう。

このような理由で［命題η'］は必然的に真であると言えるとしましょう。しかし、これに対応する次の［命題η］について考えてみましょう：

［命題η］

「赤は拡がりである」

これはどこかおかしいのではないでしょうか。これが真だとしたら、赤が拡がり方の一種であることになってしまいます。しかし、拡がり方と言えるものは、先ほど述べたような二次元であるとか三次元であるという次元や、その1平方メートルであるとか1立方メートルであるとかいうような大きさでしょう。赤いものには拡がりがあるということの必然性は、色とはつねに何かの色であり、そしてその何かは空間的な拡がりを持っていなければならないということから帰結する必然性です。つまり拡がりは、あくまでも色づいているものの性質であって色そのものの性質ではないのです。

また、次のような［命題ψ］について考えてみましょう：

［命題ψ］

「赤は青よりも橙に似ている」

［命題ψ］は真であり、おそらく、色というものの本性上、必然的に真であると言えるでしょう。［命題ψ］を、赤いもの、青いもの、橙のものの間で成立する関係を述べる命題に置き換えられるのだとしたら、次のような［命題ψ'］が真であることになります。

［命題ψ'］

「赤いものは青いものよりも橙のものに似ている」

しかし、これが必ず真であるとは言えないでしょう。いま、目の前に赤いリンゴ、青いリンゴ、橙のオレンジがあったとします。その場合、赤いリンゴは青いリンゴよりも橙のオレンジに似ているとは一般には言えないでしょう。

以上のように、こうした［命題η］や［命題ψ］のような命題を［命題η'］や［命題ψ'］のような命題に変換することができないということは、「赤い」、「色づいている」、「拡がっている」、「似ている」などの性質や関係について語る命題をそれらの性質や関係を担うものについて語る命題に還元することができないということです。その結果として、［命題ζ］、［命題η］、［命題ψ］などを集合間の関係を表す命題としても解釈できないのです。つまり、たとえば「AはBである」という命題を「性質Aを持つものの集合は性質Bを持つものの集合に含まれる」という命題として常に解釈できるとは限らないということです。

だとすれば、［命題η］、［命題ψ］のような命題をどのように解釈すればよいのでしょうか。

ひとつ考えられるのは、これらを「豊臣秀吉は武士である」とか「名古屋は東京と大阪の中間にある」などのように、個体と集合の**要素関係**を表す命題として解釈することです。これを「命題ζ」「赤は色である」に即して説明すると、次頁の右図のように、個々の色を一種の個体として捉え、それらの個体の集合が「色であるもの」の集合であると解釈するということです。

これは果たして適切な解釈でしょうか。それについて検討するために、さらに「色は性質である」という「命題ω」について考えましょう。これは、「赤は色である」と同じ形式を持っていますので、「命題ζ」と同様に考えれば、「色である」などの個々の性質を一種の個体として捉え、それらの個体の集合が「性質であるもの」の集合であると考えることになります（次頁の左図）。

しかしこの場合、次のような問題が生じます。いま、赤が色であり、色は性質であるとすると、これから赤は性質であるということが帰結します。実際、赤は性質の一種でしょう。これを論証形式として形式化すると次のようになります：

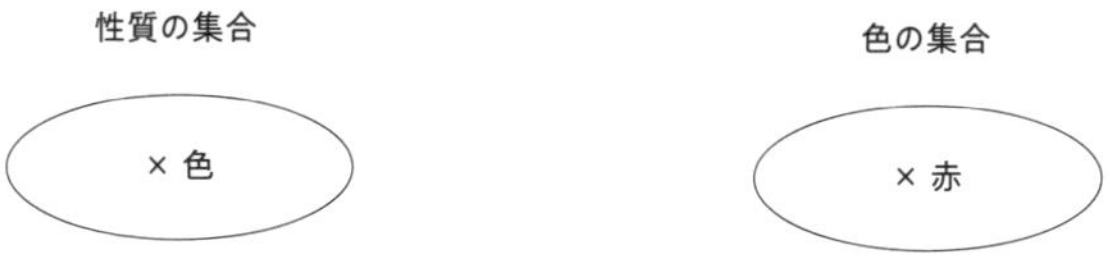

［論証形式w］

Aは B である。
Bは C である。
∴ Aは C である。

これは妥当だと思われます。そしていま述べたように「赤は色である」とか「色は性質である」がいずれも要素関係を表しているのだとすると、次のような論証が妥当であることになります：

$$\begin{array}{l} A \in B \\ B \in C \\ \hline \therefore\ A \in C \end{array}$$

しかし、この論証は妥当だと言えません。なぜなら次のような反例がいくらでも作れるからです。

ソクラテスは人間の集合の要素である。
人間の集合は抽象的対象の集合の要素である。
∴　ソクラテスは抽象的対象の集合の要素である。

「人間の集合は抽象的個体の集合の要素である」

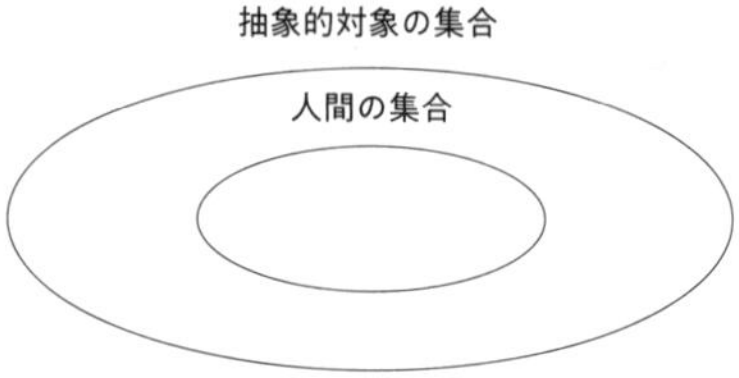

「人間の集合は抽象的対象の集合に含まれている」

この第二前提は、「**人間の集合は抽象的対象の集合に含まれている**」という命題とは異なることに注意してください。

そして、この命題は偽ですが、「人間の集合は抽象的個体の集合の要素である」という命題は真です。実際、ソクラテスは人間ですし、先ほど述べたように、集合は通常、抽象的個体の一種と見なされるからです。したがって、この論証のふたつの前提はいずれも真だと考えられます。これに対しこの論証の帰結は明らかに偽です。ソクラテスは特定の時間・空間に位置する具体的な個体ですので、それは抽象的対象の一例ではありえないからです。

コラム

「驚きの証明(5)」：穴は動けど回れない

いま、なぜか一個のドーナツが坂道を転げ落ちつつあるとしましょう。ご存じのとおり、ドーナツには穴が空いています。そしてその穴は、ドーナツとともに「移動」しています。しかし、ドーナツとともに穴も「回転」していると言えるでしょうか。

「もちろん、穴の周りのドーナツ自体が回転しているのだから、穴も回転している」と考えられるかもしれません。しかし、たとえば、ワインが注がれたワイングラスを（水平に）回転してもワインそのものは回転しない場合のように、その周りが回転していてもそのもの自体は回転していない、という事例はいくらでもあります。では、回転していないのでしょうか。しかし、ワインの場合であれば、たとえばワインに氷を浮かべてみれば回転しているか否かがわかりますが、穴の場合は、回転しているか否かをどのようにして判定するのでしょうか。

Column

私自身の回答は、「ドーナツの穴は回転していない。そもそも穴はその本性のゆえに回転**できない。**」というものです。それは次のように証明できます。

穴の本性のひとつは、それが何によってもできていないということ、すなわちその「無素材性」です。ワインの場合は、ワインを構成する個々の液体分子の動きに着目することによって、それが回転しているかどうかが決まります。しかし、穴の場合は、そもそも素材がないので、その（真）部分の通時的同一性というもの自体が存在しません。その結果、ワインのように、たまたま回転していないというだけでなく、そもそもその回転の有無を問うことが無意味である、という意味で「回転できない」のです。結局のところ、穴は全体としてのみ通時的同一性をもつような「全体的対象」だと言えます。英語で「全体」を表す'whole'と「穴」を表す'hole'がスペルとして似ているだけでなく発音がまったく同じであることは、おそらく偶然ではありません。そして全体性は成立しているので、全体の「移動」は可能なのです。

では、その全体性が何によって成立しているかと言えば、それは穴の全体の形を示している「穴とドーナツの境界（全体）」に他なりません。そして穴の本性を考えるにあたってもうひとつ重要なことは、穴にとってこの境界そのものは、穴ではなくドーナツに属しているという意味での「外的境界」だということです（少なくとも私はそのように主張します）。この場合の「外的境界」とは、たとえば数直線を「ゼロ未満の部分」と「ゼロ以上の部分」で分割した場合、両者の境界であるところの「ゼロ」は、ゼロ未満の部分にとっては自身に属さないでゼロ以上の部分に属する「外的な」境界だということに相当します。この結果、ドーナツが回転することによってドーナツの「内的境界」は回転するけれども、そのこと自体は穴の回転を含意しない、ということが帰結します。そしてこの点についても、ワイングラスに注がれているワインの場合はワインそのものに属する「内的境界」が存在するという点において、やはり穴の場合と異なっているのです。

もうひとつ帰結することは、「たしかに穴の全体性は境界の全体性によって成立するが、穴の通時的同一性は必ずしも境界そのものの通時的同一性を必要としない」ということです。たとえば、ドーナツが延々と転がり続けた結果、最終的にドーナツが化石化してしまったとしましょう（まずありえませんが）。その場合、もはや食品としてのドーナツは消滅し、単なる石としての別物になってしまったと考えられます（ここではあえてそのように考えることにします）。その場合、その時々の境界はドーナツおよび化石に属しているのですから、境界そのものも別物になったということになるでしょう。し

Column

かしそれによって穴は別物になっているかといえば、必ずしもそうとは言えないでしょう。穴は何ものによってもできておらず、その境界もそれ自体には属していないのですから、穴を取り巻くドーナツの素材が変化して別物になったとしても、穴そのものは同一性を保つと考えうるのです。

「魂」というものが存在するとすればその非物質性のゆえに不滅であるかもしれないように、穴はその無素材性によって不滅たりうるのです。穴は「あなどれない」のです。

「確定者」と「確定可能者」

では、「赤は色である」とか「色は性質である」などの命題はどのような形式の命題として解釈されるべきなのでしょうか。少なくともその必要条件としては、［論証形式w］が成立するような解釈でなければなりません。そして［論証形式w］を一般化すると、それは次のような条件が成立していることになり、その条件は、第2章でも見たように、「**推移性**」と呼ばれます。

aRb　かつ　bRc　ならば、　aRc

いまの場合は、次のような形での推移性が成立しているわけです。

「AはBである」かつ「BはCである」ならば、「AはCである」

したがって、このような推移性を成立させられるような論理形式を「赤は色である」のような命題に見出さなければならないということになります。

あくまでも「集合」を用いながらそのような推移性を成立させる「集合論的」方法としては、次のようなものが考えられます。それは、［論証形式w］を次のような論理形式のものとして解釈する方法です：

A∈B
B⊂C
∴A∈C

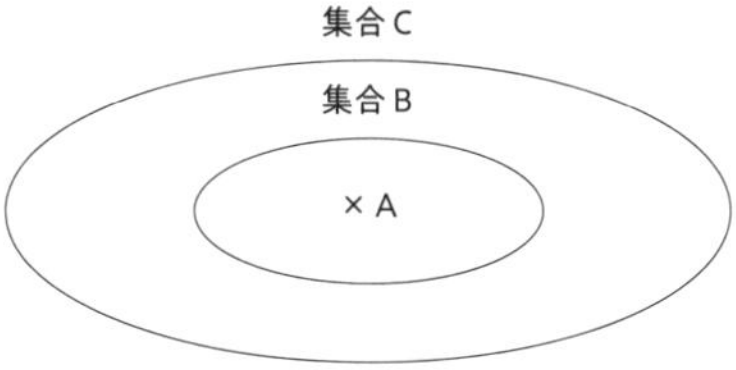

これは妥当な論証形式です。注意すべきは、ここでの集合B、Cは「色づいているもの」や「性

質をもつもの」の集合ではなく、あくまでも「色であるというもの」「性質であるというもの」の集合だということです。そして前者が後者に含まれており、「赤であるというもの」は「色であるというもの」の集合の要素であるので、「性質であるというもの」の集合の要素でもある、ということを［論証形式w］は示していることになります。

しかし、この場合、「赤は色である」という命題と「色は性質である」という命題の論理形式が異なると考えなければなりません。そのようなことは正当化できるのでしょうか。たとえば、「深紅は赤（の一種）である」という命題について考えてみましょう。これは「D∈A」という形式なのでしょうか。それとも「D∪A」という形式なのでしょうか。一般に「AはBである」という形式の命題について、それがこのいずれであるのかを決定する客観的な基準がない限り、これらの解釈は許されないでしょう。そのような基準はあるのでしょうか。

おそらく、そのような基準として妥当なものは、実質的に次のようなものだけだと思われます。色の場合がわかりやすいので、それを例に採って説明しましょう。色には赤、黄、緑、青、紫など、文字どおり色々ありますが、たとえばその中の赤にも緋色、紅色、朱色、など様々あります。これは、赤から紫に至る色のスペクトルの中で、その幅を徐々に絞り込んでいく過程に対応します。そして色であるというものの集合の中に赤であるというものの集合

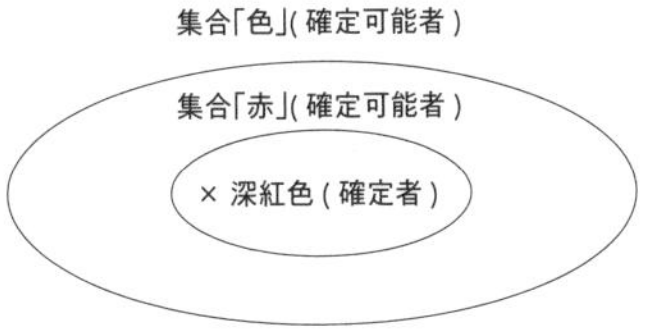

が含まれ、さらに後者には朱色であるというものの集合が含まれることにより、結果として色であるというものの集合に朱色であるというものの集合が含まれるという、推移性が成立します。

この色のスペクトルの幅を絞り込んでいくという過程を究極まで推し進めると、スペクトル上の幅のない線すなわち特定の波長の光線（電磁波）に対応する色としての真紅色などに到達します。そしてそのような色については、その色の集合の中に別の色の集合が含まれることはありえません（ただ、これは、あくまでも色相（hue）のみに話を限定した場合であって、明度（value）や彩度（chroma）なども含めるとこの限りではありません）。だとすれば、そのような色だけはそれを含むスペクトルに対応する色の集合に対して要素関係を持ち、それ以外の色の集合どうしの間では、スペクトルの包括関係に対応する集合の包括関係が成立すると考えることができます。いわば、真紅色のような色が色全体の基底を形成しており、それらの基底に基づいた色の集合間の包括関係が成立していることになるわけです。

真紅色のような基底的な性質とそれ以外の赤や色などの性質の集合との区別に対応するのが、哲学（中でも特に形而上学とか存在論と呼ばれる分野）での「**確定者（determinate）**」と「**確定可能者（determinable）**」の区別です（なお、「確定者」「確定可能者」を相対的関係と見なして、「赤」を「色」の確定者とする場合もありますが、ここでは、最も基底的ないわば「絶対的」確定者のみを「確定者」と見なすこととします）。ただし、果たしてその区別をいま述べたような集合論的な枠組みのもとで捉えてよいかどうかということについては、色々議論があります。

たとえば、この捉え方のもとでは、まず先に真紅、真緑、真青などの確定者が存在し、それらに基づいて赤、緑、青などの集合が、そしてさらには色全体の集合が、成立するということになります。しかし、ひょっとするとむしろ順序は逆かもしれません。つまり、最初に色全体に対応するような何かが先にあって、そこから個々の確定者の存在も導かれるという方が、存在論的な観点からすると適切ではないか、という考え方もあるのです。これは、**原子論的立場と全体論的立場の対立**として捉えられます。

また、たとえばこの場合の確定者は「真紅であるというもの」、「真緑であるというもの」であり、それらを要素とする集合として「色であるもの」の集合や「性質であるもの」の集合があることになるのですが、そもそも「真紅であるというもの」とはどのようなものなのでしょうか。ここで改めて注意すべきは、ここで問題になっているのは「真紅であるもの」すなわち「真紅という色を帯びている」何ものかではなく、あくまでも「真紅であるという性質であるところの」何ものかであるということです。「真紅という色を帯びているもの」であれば、たとえば真紅のTシャツとか真紅の口紅など、ひとつひとつ数えられるものが多いので、集合としての「要素」として確定しやすいですが、**要素としての「真紅であるという性質であるところの何ものか」とはどのようなものなのでしょうか。**

それに対する回答は、二つに大別されます。**ひとつは、そのような性質を時間・空間の中に存在する具体的対象として考える立場です。**この立場によると、たとえば、現実世界の口紅、赤ペン、表紙、Tシャツ、車体、壁などの表面に位置している真紅の現れの全体がここでの「真紅であるという性質であるところの何ものか」であることになります。

もうひとつは、真紅の現れ全体という具体的対象としてではなく、真紅の個々の現れに共通するような抽象的な何ものかとして真紅のような確定者を捉える立場です。「抽象的な何ものか」の定義は難しいのですが、少なくとも具体的ではない、すなわち、時間・空間の中に存在しない、という否定形を用いて表現することはできます。ただし、時間・空間の中に存在しない、ということはただちに時間・空間の**外に**存在するということを意味するわけではないことに注意しましょう。それはさしあたり、いつどこに存在すると言うことはできないような存在者であるということ、すなわち、**そもそもその存在位置を指定することが的外れであるような存在者である**、ということなのです。しかし、これもあくまでも否定形を用いた形容でしかありませんから、そのようなあり方とは、結局どのようなあり方であるのかは不明なままでしょう。

これに比べると、第一の立場によって規定されるところの真紅はきわめて明瞭です。しかし、えてして明瞭さは代償も伴います。私たちが「真紅は三原色のひとつだ」、「真紅は情熱的だ」などと述べるとき、私たちは世界全体での真紅の現れを想定して、そのような現れについて何かを述べているのでしょうか。そうではなく、むしろ「赤さそのもの」とでも言いたくなるような何かについて、三原色だとか情熱的だと述べているのではないでしょうか。また、仮に真紅が世界全体での真紅の現れ全体だとすると、その現れには形状や配置があるでしょう。したがって、たまたまこの世界に存在する真紅の現れが立方形をした特定の空間部分に集中していたとすると、「真紅は立方形である」というような命題が真であることになってしまうでしょう。しかし、これは先ほどの「赤は拡がりである」という命題と同様、一種のカテゴリーミステイクを犯していると考えざるをえないのではないでしょうか。実際、もしもこのような命題が真であるとすると、たまたまその立方形が球形に変化した場合、真紅という性質が変化したということになってしまうのではないでしょうか。しかし、現れの形状が立方形であろうが球形あろうが、真紅色そのものには変化がないと考えるのが普通なのではないでしょうか。さらに、たとえば、「真紅色が見える」という命題は、より厳密には私たちは世界の中の真紅の現れ全体のうちの「一部」が見えているという意味として解釈し直さなければならないでしょう。

これらの問題点のいくつかは、（現実世界も含む）各可能世界を時間軸も含めた四次元的世界と考えたうえで、すべての可能世界での真紅の現れの総体が真紅であると考えることによって解決できるかもしれません。その場合、時点間や可能世界間での真紅の現れの形状の相違は真紅そのものの相違にはつながりませんし、各世界での真紅の現れの形状が異なる以上、真紅について形状を帰属させることはできない、と約定することもできるからです。しかしこの解法は、現実世界以外の無数の可能世界というものを導入することによって得られるものです。すると、そのような可能世界とはどのような世界であるのか、という問いに答える義務を背負い込みます。それらは現実世界と同じような具体的対象の総体としての世界であると考えるならば、明瞭さは保てるかもしれませんが、そのような具体的世界が無数に存在するという世界像を受け入れることは誰にとっても容易であるとは言えないでしょう。一方、そのような可能世界を命題や文の集合として考えるならば、結局は抽象的な対象を承認することになり、そのような対象に訴えないですむ明瞭さというせっかくの長所を失ってしまいます。さらに、可能世界を用いないで「真紅の可能な現れの全体」として真紅を解釈することも考えられますが、その場合は、「可能な」という様相的な概念をそのまま用いざるをえません。そして様相的概念は、明瞭に捉えにくい概念の代表的なもののひとつです。したがってその方法も、結果として、この解法の魅力であった明瞭さを喪失させることになるでしょう。

だとすれば、抽象的であるということの不可解さは、抽象性がそれ以上分析不可能な始原的な何かであるからであると考えたうえで、私たちが様々な真紅の対象を見るときに結果として見ることになるひとつの色として「真紅」という抽象的対象を承認してしまう方が、総合的に考えると自然であるのかもしれません。

ともあれ、いまの議論をまとめてみましょう。まず、「赤は拡がりである」などの、何らかの性質について述べる命題と、「赤いものの集合は拡がっているものの集合に含まれている」などの、当該の性質を有する対象の集合について述べる命題とを、常に同等視できるとは限らないということを見出しました。それを受けて、集合論の枠組内にとどまりながらもあくまでも性質について語る命題としてそれらの命題を解釈する方法を模索した結果、性質を真紅などの「確定者」と赤や色などの「確定可能者」とに分類したうえで、前者のみを集合の要素になりうるものと見なすという方法に行き当たりました。しかし、その結果、たとえば要素としての「真紅という性質」とはいったいどのようなものであろうかという問題が発生し、それに対する答えとして、**確定者としての性質を現実世界または可能世界全体での現れとしての具体的対象と見なす立場**と、**一種の抽象的対象として見なす立場**とがあることを確認したのでした。

　このように確認してみると、いくつかのことが気になってきます。いまの議論では、**現代論理学で標準的な方法にしたがって、あくまでも集合というものを用いながら性質について語る命題の意味を解釈することを試みていました。しかし、果たしてそのような制約にこだわることが適切だったのでしょうか。**考えてみれば、同じ性質であるにもかかわらず、確定者と確定可能者とをまったく異なる種類の存在者と見なすことはそもそも不自然なのではないでしょうか。この点は、確定者を具体的対象と見なす第一の立場において特に顕著です。

その立場は、確定者と確定可能者を具体的対象と抽象的対象という互いに排他的な種類に引き裂いてしまうからです。確定者を抽象的対象と見なす第二の立場においても、確定者は性質という独特の抽象的対象であるのに対し、確定可能者は集合という〈より一般性の高い抽象的対象〉であることになります。

さらに、第一、第二いずれの立場を問わず、先ほど指摘したように、集合論は、基本的に原子論的な発想に基づいており、極端な場合には、実在するのは最も基底的な要素だけであって集合は実在しないと主張されることさえあります。というのも、要素が確定すれば集合も自動的に確定してしまうので、集合は存在論的にはいかなる付加にもならないとも考えうるからです。これに従えば、実在するのは確定者のみであり、確定可能者は実在しないことになります。それを肯定できれば問題はないのですが、むしろ、逆に確定可能者を優先的に考える全体論的な立場を採る者にとっては受け入れられないことでしょう。

メレオロジー

しかし、では集合を用いないで性質について語る命題の意味を規定できるような理論はありうるのでしょうか。実はその有力な候補があります。それは、「**メレオロジー（mereology）**」と呼ばれる理論です。**集合論が「……は～の要素である」という要素関係を中心に成立しているのに対し、メレオロジーは、「……は～の部分である」という部分関係を中心として成立しています。**そして先ほど見たような集合論的意味論では、たとえば「真紅は赤である」という命題は「（確定者としての）真紅は（確定可能者としての）赤の要素である」と解釈されるのに対し、メレオロジー的意味論では、「真紅は赤の部分である」と解釈されます。

そして、メレオロジーがこの場合きわめて好適なのは、要素関係と異なり、部分関係では次のような推移性が成立するということです：

AがBの部分であり、かつ、BがCの部分であるならば、AはCの部分である。

この結果として、集合論的意味論のように確定可能者どうしの間だけでなく、確定者をも含めた当該の種類の性質全体において推移性が成立することになります。これは、特に確定者を具体的対象として捉えた第一の立場にとってきわめて魅力的なことです。というのも、第一の立場では、確定者のみが具体的対象で確定可能者は集合という抽象的対象であるという大きなギャップが性質どうしの間にあったのですが、**メレオロジーを用いれば、確定可能者も含めてすべて具体的対象であると考えられるからです。**たとえば、現実世界または可能世界全体での真紅の現れは確定可能者としての赤の現れの一部であり、後者はさらに色の現れの一部であることになります。

それだけではありません。確定者としての真紅の現れ全体をさらに細分化することができますから、現実世界の特定の時空的部分における真紅の現れとか、特定の個体における真紅の現れなどのように、真紅の基底的対象をもっと局限化できることにもなります。これによって、そもそも「〈集合の要素となりうるような〉個体としての真紅」とは何なのか、という問題に対して、〈それは〈可能〉世界全体での真紅の現れである〉と答える必要がなくなり、その結果として、「目の前に真紅が見える」という命題が正確には「目の前に真紅の一部が見える」であると考える必要もなくなります。その命題は、ちょうど「目の前に〈特定の〉自動車が見える」という命題と類比的に「目の前に〈特定の〉真紅が見える」ということを表す命題だと考えられるからです。このように**局限化された具体的個体としての性質は、「モード（様態）」とか「トロープ」などと呼ばれます。**

一方、個体としての確定者を抽象的対象として捉えていた第二の立場に対しては、メレオロジーが第一の立場におけるほどの明らかなメリットは与えないかもしれません。抽象的対象としての性質における部分全体関係とはいかなるものなのかは、具体的対象における部分全体関係ほど明瞭なものではないからです。集合という抽象的対象については、集合間の一種の部分全体関係とも解釈できる包含関係をその要素どうしの対応関係に還元することによって明確に規定ができたのでしたが、確定者、確定可能者として捉えられる性質どうしの部分全体関係とは、そもそもそれらの抽象性という存在論的性格自体が明確でないこともあずかって、やはり理解に困難を感じるものでしょう。

しかし、仮にそのような部分全体関係が、何らかの形で抽象的対象としての性質どうしの間でも成立しうるのだ、ということを承認できるならば、この第二の立場にとっても、メレオロジーの枠組みのもとで確定者や確定可能者を捉えることはメリットがあります。その理由は、第一の立場の場合ほど劇的ではありませんが、やはり確定者と確定可能者をそれぞれ性質と集合という異なる種類の対象として分け隔てることなく、同種の抽象的対象として一元的に取り扱えるからです。これは特に、全体論的な立場で抽象的性質の実在性を主張する者にとっては魅力的なことでしょう。必ずしも確定者を基礎として性質を捉える必要がなくなるからです。

「what it is」と「how it is」

以上が、性質を集合論的枠組みのもとで捉えることそのものについての再検討でしたが、集合論的枠組みのもとで性質について考えた際に浮かび上がってきたこととして、次のようなこともありました。それは、何らかの集合の要素であるためには、たとえば「真紅であるもの」「真紅であるというもの」などのように、「……もの」という形で表現できるような何ものかでなければならない、ということです。このことをより専門的な表現におきかえて一般化すると、**集合の要素となりうるためには、何らかのかたちで「個別化」されたようなものでなければならない**、ということです。つまり、一個、二個……と数えられて、各々を区別できるようなものであってはじめて「要素」となりうるのです。逆に言えば、個別化さえできるのであれば、必ずしも「……もの」と表現されなくとも、たとえば「ソクラテスが死んだということ」などのように、「……こと」と表現されるようなものでもよいことになるでしょう。ただ、その場合も、個別化できているとすれば、「ソクラテスの死というできごと」などのように、「できごと」という半ば「もの」らしき何かとして捉えているからかもしれません。

いずれにせよ、この観点からあらためて述定について考えてみましょう。

「豊臣秀吉はたくましい」
「豊臣秀吉はすぐ怒る」

「豊臣秀吉は人間である。」
「豊臣秀吉は武士である。」

これらのうち第一のグループは、集合論的枠組みに納めるためには「豊臣秀吉はたくましい者である」などのように、「……ものである」という語を補うことによって、性質の述定を性質の所有者の述定に変換する必要がある命題であるのに対し、第二のグループの命題については、そのような補いを行わなくても自然に集合論的枠組みに納められる命題だと言えます。なぜなら、「……は人間である」という述定は、「人間」という、一定の種類の個体全体を表す語によって表されるものを述定しているからです。この差異の大きさを考えると、第一のグループに属するような命題と第二のグループに属する命題とはやはり論理的観点からしても区別されるべきではないでしょうか。

実際、この区別は、**伝統的に「いかにあるか（how it is）」と「何であるか（what it is）」の相違として区別されてきたものに対応します。**「たくましい」とか「すぐ怒る」などの性質は、ある個体の様々なあり方のひとつであり、一般化された抽象的な意味で、その個体の「中にある」何か、すなわち一種の「部分」だと言えます。それに対して、「人間である」ということは、その個体のあり方のひとつであるというよりは、まさにそれを個体として成立させる何かだと言えるのではないでしょうか。その意味では個体全体を支配するような何かでなければならず、決して個体の「中にある」一種の「部分」なのだとは言えないようなものだとも言えるでしょう。

しかし、この区別は本当に「論理的」観点から重要な区別なのでしょうか。そのように言えるためには、やはり何らかの論証において両者の区別が相違をもたらすことを示さなければならないでしょう。ひとつ考えられるのは、次のような相違です：

［**論証**ⓐ］

豊臣秀吉はたくましい。

∴　豊臣秀吉がたくましくないことはありえない。

［論証(b)］

豊臣秀吉は人間である。

∴　豊臣秀吉が人間でないことはありえない。　　　(b)

太閤にまでのぼりつめたくらいですから、豊臣秀吉は実際に（精神的な部分も含めた広い意味で）たくましかったのでしょう。しかし、たくましくない豊臣秀吉というものはありえなかったのでしょうか。ここで注意すべきは、いま問題になっているのは、豊臣秀吉がたくましい人物であったという私たちの認識が誤りであるということはありえないかという問題ではないということです。もしもそのような問題だとしたら、歴史的事実の検証に誤りの可能性はつねに伴いますから、［論証(a)］が妥当でないことは最初から明らかでしょう。実は豊臣秀吉にはたくましい影武者が常にいたのだということは、少なくとも歴史上の可能性として認めざるをえないでしょう。そしてそのことは、論理学とは無関係の問題でしょう。

ここで問題になっている可能性は、あくまでも豊臣秀吉という人物のあり方そのものに関する可能性です。たとえば、豊臣秀吉が幼少期のトラウマによってとても臆病な人物になるという可能性はなかったのか、つまり、豊臣秀吉である以上、たくましいという性質を持たざるをえなかったのか、という問いなのです。このような、**もののあり方そのものに関する可能性を、*de re* 様相と呼びます。**このような *de re* 様相として考えたとき、豊臣秀吉が人間でないという可能性はあるでしょうか。彼には「猿」というあだ名がついていたようですが、果たして猿でありながら豊臣秀吉であるということが可能でしょうか。もしも何かが猿だとしたら、もはやそれが豊臣秀吉であるということはありえないのではないでしょうか。仮に、豊臣秀吉が猿でありうるかどうかはひょっとすると微妙だとしても、少なくとも、豊臣秀吉がアメーバである、チューリップである、山であるなどということは到底ありえないでしょう。

そして、**ここで問題とされている可能性は、自然科学的あるいは因果的な可能性とも微妙に異なるものである**ということにも注意しましょう。豊臣秀吉が地上で100メートルを3秒で走るとか、豊臣秀吉の身長が3メートルであるとかいうことも、おそらくありえないことでしょうが、これは、あくまでも生物学的にありえないということです。仮に豊臣秀吉が地上で100メートルを3秒で走ったり、身長が3メートルになったりしたとしても、それだけで豊臣秀吉が豊臣秀吉でなくなるということはないのではないでしょうか。

もちろん、このような意味での *de re* 様相について、いったいどこまでが可能なのか、そして本当にそのような種類の可能性なのか、といったことにはどうしても曖昧さが伴うことは否めません。したがって、そのような様相の実在性を認めない人もいます。しかし、曖昧さの存在そのものはそうした主張の根拠としては薄弱です。たしかに曖昧なケースはままあるでしょうが、一方で決して曖昧ではないケースもそれ以上にたくさんあるからです。豊臣秀吉がチューリップではありえない、山ではありえない、ましてや、偶数ではありえない、といったことは、自然科学的知見によって判定される以前に、いわばア・プリオリに成立することでしょう。

ある主張に関する曖昧なケースの存在を根拠にして当該の主張の正当性を否定することは、次のような推論を行うことだと考えられます：

de re 様相的に可能かどうかに関して曖昧な事例が存在する。

∴　*de re* 様相は実在しない。

しかしこれは明らかな誤謬推論です。なぜなら、もしもこれが妥当ならば、次の推論も妥当だということになるはずだからです。

de re 様相的に可能かどうかに関して完全に明確な事例が存在する。
∴　*de re* 様相は実在する。

結局のところ、**曖昧な事例の存在から導けるのは、曖昧な場合が存在するということ以上でも以下でもない**のです。そして、曖昧な事例と完全に明確な事例を量的に比較してみるならば、圧倒的に後者の方が多いはずです。「豊臣秀吉は火星である」、「豊臣秀吉は奇数である」など、ありえないことはいくらでも挙げられるからです。曖昧な例が目立つのは、そのような例はまさしく（少なくとも曖昧でない例の多さに比べれば）「珍しい」からです。しかし、**むしろ目立たないことの重要性をしっかり認識することこそが哲学の役目**なのです。

思わず脱線してしまいました。元に戻りましょう。ここでの問題は、what it is を述べる命題と how it is を述べる命題の区別は、何らかの論証上の相違をもたらすような「論理的な」区別なのか、ということでした。そしてそのように考えうる根拠として、次のような二つの論証を挙げたのでした：

［**論証**(a)］

豊臣秀吉はたくましい
∴　豊臣秀吉がたくましくないことはありえない。
［論証(b)］
豊臣秀吉は人間である。
∴　豊臣秀吉が人間でないことはありえない。

しかし、次の二つの論証についても考えてみましょう：
［論証(c)］
豊臣秀吉は心臓を持っている。
∴　豊臣秀吉が心臓を持っていないことはありえない。
［論証(d)］
豊臣秀吉は武士である。
∴　豊臣秀吉が武士でないことはありえない。

この場合、［論証(c)］は妥当で［論証(d)］は妥当でないように思われます。そうだとすれば、

［論証(a)］と［論証(c)］のように、how it is を述べる命題を前提とする論証でも妥当だったり妥当でなかったりすること、そしてそれと同様のことは［論証(b)］と［論証(d)］のような what it is を述べる命題についても起こるということとなります。したがって、論証の形式によって妥当か否かが定まるという、論理的妥当性の基準に反することになるのではないでしょうか。

とはいえ、論証の形式化にはその精度や必要性に応じた自由度があります。明らかに妥当な論証でも、形式化の精度が荒ければ、その妥当性は形に現れません。また、明示化されてはいない、隠れた前提がある場合もあります。［論証(c)］と［論証(d)］についてもそのような観点から分析し直してみると、次のように再構成できるかもしれません：

［論証(c')］
豊臣秀吉は人間である。
人間が心臓を持っていないことはありえない。
∴　豊臣秀吉が心臓を持っていないことはありえない。

［論証(d')］
豊臣秀吉は武士という身分を持つ人間である。

∴　豊臣秀吉は武士という身分を持つ人間でないことはありえない。

つまり、〔論証(c)〕については、実はその前提から帰結が導かれているのではなく、〔論証(c')〕で明示されたような隠れた二つの前提からその帰結が導かれていたと解釈できます。〔論証(c)〕の前提も実はこのような隠れた前提からの帰結だったことになります。また、〔論証(d)〕については、その前提は「武士である」という名詞を用いた述定を行っているけれども、それはwhat it isよりも、むしろ、社会の中でどのように位置づけられているかとか、どのような生業で生計を稼いでいるかなどを表すhow it isを主に表す前提であり、what it isに相当する内容は、〔論証(d')〕で示したように、当然の前提として隠れていると考えられます。その隠れた前提があるために、「……者（人間）である」という意味も含めた「武士である」という名詞を用いた述定がなされているのです。そうだとすれば、how it isに関してはその必然性を導くことは必ずしもできませんから、〔論証(d)〕はやはり妥当ではないと言えます。

論証の妥当性を判定するためには、そのような面倒な再構成をいちいち行わなければならないのか、と思われるかもしれません。しかし、先ほども述べたように、**行うべき論証の形式化は、その形式化の目的に依存します**。いま述べたような再構成は、日常生活上においてはまず必要がないでしょう。しかし、たとえば可能性や必然性などの様相について詳しく考察するとか、存在者の種類について厳密に考察するなどの、哲学的文脈、とくに形而上学とか存在論と呼ばれる分野において考察を行うときにはこうした再構成が重要である場合もあるでしょう。したがって、**哲学的文脈での論証に関わるような「哲学的論理学」**（この場合は、どちらかと言えば「哲学のための論理学」という意味となりますが）においてはhow it isとwhat it isを区別できるような形式化も必要となってくるかもしれないのです。

コラム 「驚きの証明(6)」：私たちは触れ合えない

握手したり抱擁したりするとき、当然のことながら、互いの身体が触れ合っていると私たちは考えています。ところが、クラインとメイトソン（A. D. Klein & C. A. Matheson）は、「衝突の論理的不可能性（The Logical Impossibility of Collision）」（1987）という論文で、私たちの身体を含む物体全般について、それらが互いに接触すること（によって衝突すること）は「論理的に不可能である」ということを次のように証明しました：

(1) 二つの物体間の衝突には、両者の接触が含まれている。
(2) もしも二つの物体が接触しているならば、それらは、隣接し合ういくつかの空間点を占拠しているか、それらは空間的に重複しているかのいずれかである。
(3) 空間は連続的である。

Column

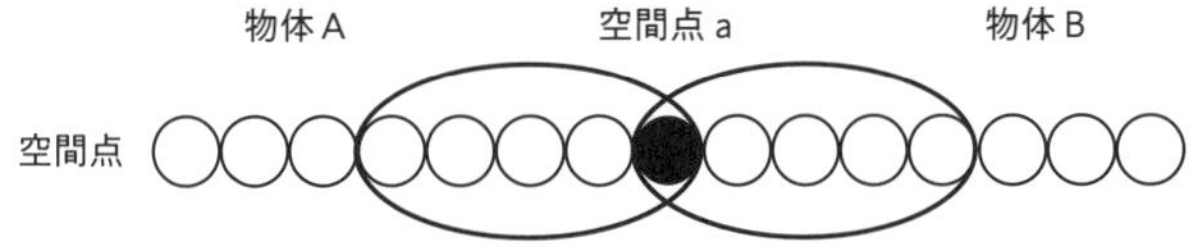

物体A, Bが空間点aの位置で重複している場合

図①

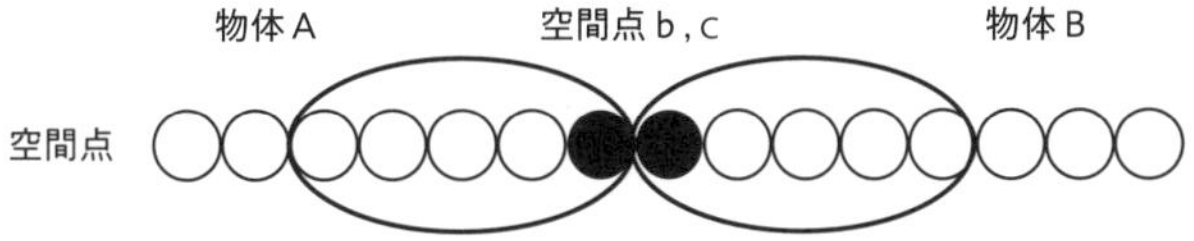

物体A, Bが隣接し合う空間点a, bを占拠している場合

図②

(4) いかなる二つの物体も、隣接し合う空間点を占拠することはできない。(空間は連続的なので、いかなる空間点も別の空間点と隣接していない。)

(5) 二つの物体が空間的に重複することは不可能である。

(6) それゆえ、いかなる二つの物体も接触しない。

(7) それゆえ、いかなる二つの物体も衝突しない。

いくつか解説しましょう。(2)が意味しているのは、物体どうしの接触の形として考えられるのは、上の図①②のうちのどちらかだということです:

ただ、この図では、わかりやすくするために各空間点を（ゼロより大きい面積を持つ）円で表していますが、実際の空間点は（面積ゼロの）点であるということが、特にその後の(4)を理解するうえで重要です。

(3)における「連続的である」とは、直観的に表現すれば、(a)任意の二つの異なる空間点の間には必ず別の点が存在する（稠密性）、および、(b)空間を切断したときに必ずそこには点が存在する（完備性）という二つの条件を満たすということです。そしてこのうちの(a)（稠密性）のゆえに、(4)で述べられているように、「いかなる空間点も別の空間点と隣接していない」ということが帰結します。その結果、今の図②のような場合は実はありえないということになります。図②での空間点b、cは、本来は点で表されるべきであり、そしてそのように表した場合は、必ずその間に別の点が存在するからです。

そして(5)は、物体の空間的排他性、すなわち、物体である以上、互いに貫入して同じ空間を占拠することはできない、ということを主張しています。したがって、図①のような場合もありえないということになります。この場合も空間点は実際には面積ゼロの点となりますが、そのことは、物体どうしの空間的排他性に影響しません。（面積ゼロの）

Column

点aの位置に物体A、Bの両方（の一部）が存在することはありえない、という主張に変わりはないからです。

この結果、⑹で述べられているように、いかなる物体も互いに接触できない、というとんでもないことが論理的に証明されてしまったわけですが、現実的には大した問題でないと思われるかもしれません。というのも、現代物理学的観点、特に量子論的観点から考えれば、物体とは結局のところ、素粒子、原子、分子などの微粒子の集積にすぎず、現実にはここで主張されているような厳密な意味での接触は起きていないと考えうるからです。一見、物体どうしが接触しているように見える場合にも、厳密には、ただ両者の表面の一部を構成する微粒子どうしが非常に接近しているだけで、きわめて強力な互いの斥力によって反発しあっているだけだというわけです。

しかし、クラインらの証明は、ただ単に「この現実世界では」物体どうしの接触がありえない、ということを証明しているわけではありません。そうではなく、そもそも「物体どうしの接触」という概念そのものの中に論理的矛盾が含まれているということを証明しているのです。したがって、量子論をはじめとする原子論が適用できないような可能世界、すなわち、微粒子の集積としてではなく、現実にある種の単体として物体が存在していると自然科学が認定するような世界だったとしても、接触ということは不可能であるということになります。

こうして見ると、やはり私たちの「触れ合い」には、一種の神秘が含まれていると言えなくもないのではないでしょうか。

第3章 「……である」の色々

第4章 「……がある」の罠
――存在しないものが存在する？

神の存在証明

前章で、「……である」という表現が、〈主題中立的であるがゆえに論理語的性格を持つと同時に、日常的に頻繁に用いられる語であるがゆえに多義的である〉ということによって、論証的な問題を引き起こしやすいという話をしました。本章で採り上げる「……がある」という表現も、主題中立性と日常的頻用性という点において「……である」に引けをとりません。そして実際、この語も「……である」以上に論証的な問題を引き起こすのですが、その理由が「……である」の場合と同様にその多義性にあるのかどうかは必ずしも明確ではありません。その多義性如何ということ自体が、「……がある」に関する大きな問題点のひとつだと言えます。

なお、「**……がある」という主張を多少小難しく表現すると「……が存在する」となり、哲学や論理学ではこれがよく用いられます**。ここでは、両者は同義だと解釈しておきます。そして、哲学においては「存在論」と呼ばれる分野があるくらい、「存在」は哲学上の重要概念です。実際、**アリストテレス**は、後に「形而上学」と呼ばれることになる自らが行っていた学問を「**存在するといわれる多くのものどもをまさにこの存在する限りにおいて研究するひとつの学**」すなわち「**存在としての存在一般の学**」として性格づけました。「存在論」という用語は、中世になってからこの「形而上学」とほぼ同義の語としてさらに使われるようになったものです。

そこで、「……が存在する」という主張が問題を引き起こす哲学的論証、特に存在論的論証の具体例をいくつか見てみましょう。最初の例は、**古来重要な哲学的テーマである「神」の存在をめぐる論証**です。

［**例1a**］　**神の存在証明**

神は完全である。

完全であるものは、望ましい性質をすべて持っている。

存在は無よりも望ましい性質である。

∴　神は存在という性質を持っている（＝神は存在する）。

私たち日本人の感覚では、神の存在については、ただそれを信ずるか信じないかですべて尽きているようにも思いますが、西洋では、単に信ずるだけでは満足せず、その信念が正しいことを「証明」しようとしてきました。その証明方法にはいくつかの種類があるのですが、いま挙げた証明は、まさに「**存在論的証明**」と呼ばれるタイプのもので、**神の概念だけから神の存在を証明できる、すなわち、神はまさに神であることによってその存在を証明している、と主張するもの**です。

さて、この証明は見たとおりとてもシンプルなものですが、もしもそれが成功しているとすれば、神の存在証明のために神の概念以外のものを一切必要とはしないわけですから、とても強力な証明であることになります。果たして、この証明を受け入れられるでしょうか。受け入れられないとすれば、前提のうちのいずれかを否定するか、推論上の誤りを否定するかのどちらかを行わなければなりません。そこで、まずは後者について検討してみることにします。そのために、この論証を現代論理学の方法を用いて整理してみると、次のような形

式に書き換えることが可能です∴

［例１b］

もしも何かが神であるならば、その何かは完全である。

もしも何かが完全であるならば、その何かは望ましい性質をすべて持っている。

存在するという性質は、（少なくとも、存在しないという性質よりも）望ましい性質である。

∴　神は存在するという性質を持っている（＝神は存在する）。


さらに思い切ってシンプルにすると、次のようになります∴

［例１c］
もしも何かが神であるならば、その何かは完全である。
もしも何かが完全であるならば、その何かは存在するという性質を持っている。
∴　もしも何かが神であるならば、その何かは存在するという性質を持っている（＝神は存在する）。

そしてこのように整理すると、この論証は「**条件的三段論法**」と呼ばれる論証として、その妥当性が保証されます。すなわち、推論上の誤りは認められないということになります。もちろん、この整理の方法自体に問題がある可能性はありますが、ここではその可能性は深追いせず、この証明が成功していると見なしうるひとつの方法としてこの解釈を承認することにします。

すると残りは、この三段論法の第一段と第二段すなわち第一前提と第二前提の少なくともいずれかを否定することです。まず、第一前提について考えてみましょう。ある意味で、この第一前提を否定するのは容易です。というのも、日本やギリシャの神話に登場する、暴れん坊だったり怠け者だったり弱虫だったりする神々のように、どう考えても「完全」とは思われない神もありうるからです。しかし、キリスト教世界では、「神」と言えば唯一絶対の人格神を表しており、いわゆる「全知・全能・最高善」を体現している完全なる者が神でした。ここでは、そのような意味での神の存在証明が行われていると解釈することにします。ただし、この証明においては、そのような完全者がただ一人しか存在しないという含意はありません。そのような完全者が八百人くらいいても何ら構わないのです。

では、第二前提についてはどうでしょうか。これはいかにも怪しい主張です。存在することが望ましいか否かは、どのようなものが存在するかに依存するのではないでしょうか。醜いもの、汚いもの、悪、過ちなどは、存在しない方が当然望ましいでしょう。しかし、いま述べたように、ここで存在が問われているものが、完全者としての神であるとすれば、やはり存在しないよりは存在する方が望ましいのではないでしょうか。また、悪魔のような者でも存在しない限りその威力を発揮できないのだとすれば、その善悪にかかわらず、やはり存在する方が望ましいと言えるかもしれません。実際、いまの証明における「神」を「悪魔」で置き換えることによって、悪魔の存在証明も成立するのではないでしょうか。いわば「完全悪」の実現のためにも存在は必要かもしれないのです。

かくして、第一前提も第二前提も否定できないとすると、この証明を一般化することによって、神のみならず完全なものはすべて存在する、ということが証明できることになってしまいそうです。これはいかにもおかしな話でしょう。実際、この論証は多くの哲学者によって批判されてきました。その代表とも言えるのが**カント**です。彼は、その主著『**純粋理性批判**』の中の「**神の存在の存在論的証明の不可能性について**」と題するセクションでその批判を行いました。次に引用するのは、その中の「百ターレル（＝当時の銀貨）」を事例として用いた有名な箇所です。それは、次のように始まります：

ある〔＝存在する〕は明らかにいかなる実在的述語でもない。言いかえれば、物の概念に付加しうるなんらかのあるものについての概念ではない。それは、物の積極的設定、あるいはある種の諸規定自体そのものの積極的設定にすぎない。論理的使用においては、それはもっぱら判断の繫辞である。（［6］B626,（邦訳）p. 316.）

カントはここで、「ある」、「存在する」という述語が「実在的」ではないという点で特殊なものであることを主張しています。これがどのようなことかというと、たとえば、いま自分が付き合っている恋人がどのような人であるかを誰かに伝えようとしたとき、「とても優しい」、「料理がうまい」、「サーフィンをする」などの述語によって形容していけば、述語を加えるたびに恋人のイメージが豊かになっていきます。しかし、ここでさらに「私の恋人は、存在する」と伝えたとしましょう。その場合、それによって恋人のイメージに何かが追加されるかと言えば、何も追加されないでしょう。カントはそのことを「ものの概念に付加しうるなんらかのあるものについての概念ではない」という形で表現したわけです。

しかし、とはいえ、私に恋人が存在するかしないか、すなわち、今話題にしている自分の恋人が単なる妄想上の人物であるか実在する人物であるかは、きわめて重大な相違であり、ひょっとしたら、それこそがもっとも重要な情報であるかもしれません。カントはそのことを「物の積極的設定、あるいはある種の諸規定自体そのものの積極的設定」という表現によって表しています。

さらに、「ある」は「判断の繋辞である」という説明もしていますが、**「繋辞《けいじ》」とは「コプラ」という言葉の訳語としての一種の論理学用語であり、主語と述語を「つなぐ」**言葉という意味です。これは、西洋語では「ある」という語がいわゆるbe（ドイツ語ではsein）動詞で表されるため、'God is.'（'There is God.'）という用法の他に'God is perfect.'などという形でGodという主語とperfectという述語を「繋ぐ」語としても用いられるということがおそらく影響しています。日本語でも、「……がある」と「……である」という用法があるという点と少し似ているかもしれません。

続けてカントは、このような「ある」という語についての分析を、次のように神の存在証明に適用します：

神は全能であるという命題は二つの概念を含み、これら二つの概念は、神と全能というそれぞれの客観をもっている。あるという言葉は、あらためて一つの述語を付け加えるのではなく、述語を主語に関連づけるものでしかない。ところで、私が主語（神）をあらゆるその述語（そのうちには全能という述語もある）とまとめあげて、神がある〔存在する〕、あるいは神というものがあると言うなら、私はいかなる新しい述語をも神という概念に付加するのではなく、主語自体そのものをあらゆるその述語とともに定立し、しかも私の概念に連関づけられた対象を定立するにすぎない。概念と対象、これら両者は精確に同一のものを含んでいなければならない。だから、たんに可能性を表現するにすぎない概念には、私はその概念の対象を端的に与えられたものとして（その対象があるという表現によって）思考しているゆえ、それ以上何ひとつとして付加することはできない。（［6］B626-627.（邦訳）p. 316.）

すなわちカントによれば、「神がある〔存在する〕」、「神というものがある」という主張を、たとえば「神はダンスする」、「神というものは全能である」などの通常の主張のように、述語によって神についての形容を付加する主張と見なしてはいけません。**「ある」という述語の機能は、形容を付加することではなく、「主語自体そのもの」を「あらゆるその述語」とともに定立し、「概念」に連関づけられた「対象」を定立する**ことにあるからです。先ほどの引用部文における「物の積極的設定、あるいはある種の諸規定自体そのものの積極的設定」という難解な説明が、ここでは「概念に連関づけられた対象の定立」というもう少しわかりやすい表現に置き換えられています。

さらに、**「概念」と「対象」の対比は「可能性」対「現実性」との対比**としても捉えられており、そのことは、この引用部文に続く「百ターレル」の事例によっていっそう明らかにされています：

> かくして、現実的なものはたんに可能的なものが含んでいる以上のものを何ひとつとして含んでいない、ということになる。現実の百ターレルは、可能的な百ターレル以上のものをいささかも含んではいない。なぜなら、可能的な百ターレルは概念を意味するが、現実の百ターレルは対象とその積極的設定自体そのものを意味するから、現実の百ターレルが可能的な百ターレル以上を含んでいる場合には、私の概念は全対象を表現せず、

それゆえまた、対象に適合した概念でもないことになるにちがいないからである。とはいえ、私の財産状態においては、現実の百ターレルのほうがそのたんなる概念（言いかえれば、その可能性）よりもいっそう多くのものをもっている。なぜなら、対象は現実性の場合にはたんに私の概念のうちに分析的に含まれているのではなく、私の概念（これは私の状態の一つの規定にほかならない）に総合的に付加されるからである。けれども、私の概念の外部にあるこの存在によって前述の百ターレル自身はいささかも増大することはないのである。（［6］B627.（邦訳）pp. 316-317.（一部改訳））

つまり「概念」としての百ターレルは「可能的な百ターレル」であるのに対し、その概念によって表される「対象とその積極的設定」が現実の百ターレルなのであるとすれば、百ターレルの概念の中には現実の百ターレルが持つ諸性質が過不足なく含まれていなければならず、「存在する」という性質が現実の百ターレルに新たに加わることは許されない、というわけです。とはいえ、もちろん、そのような性質を表す概念が百ターレルの概念の中にすでに含まれていると考えることもできません。そのように考えてしまうと、「可能的な百ターレル」が存在する百ターレルすなわち現実の百ターレルとなってしまう、すなわち、概念としての百ターレルだけを所有して単に空想で自分が金持ちだと思っている人間と現実の百ターレルを所有する本当に金持ちである人間とが区別できないことになってしまうからです。このことを、カントは、**現実性の主張すなわち存在主張は、決して「分析的」主張ではなく「総合的」主張なのだ**、という形で表明しています。

以上のようなカントの主張を思い切ってまとめてしまえば、それは次の二つの要点から成り立っていると言えます：

(1) **「存在する」という語は、「ダンスする」のような通常の述語ではない。**

ではどのような語なのかと言えば、

(2) **「存在する」という語は、主語と述語をつなぐ繋辞のような論理的機能を果たす語である。**

これら二つの点には、「**述語論理（predicate logic）**」と呼ばれるタイプの現代論理学における「存在する」という語の位置づけとの共通性を見出せますが、それについてはまた後に詳しく述べることにして、次の論証例に移ります。

非存在者の存在証明

いま見た第一の論証例としての神の存在証明は、何かが「存在する」という主張にまつわる問題点を表していましたが、実は**何かが「存在しない」という主張も、論証上の問題を引き起こします**。そのことを確認するために、次の二つの論証を比較してみましょう∴

〔**例2a**〕
ソクラテスは妥協しない。
∴　妥協しないものが存在する。

〔**例2b**〕
光源氏は存在しない。
∴　存在しないものが存在する。

この二つの論証は、次のような論証形式を共有しています∴

aはBしない。
∴　Bしないものが存在する。

そして［例2a］は妥当だと思われます。だとすれば、［例2a］と形式がまったく同じである［例2b］も妥当ということになるはずです。しかし、どうでしょうか。第一に、「存在しないものが存在する」という帰結が何か妙ではありませんか？　これは矛盾した主張以外の何ものでもないのではないでしょうか。もしもそうだとすれば、「光源氏は存在しない」という前提から矛盾が導かれたことになりますから、これは第1章で紹介した「背理法」の論証が行われていると解釈できます。すると、それによって前提の否定「光源氏は存在しないということはない」つまり「光源氏は存在する」という、常識的には偽だと思われる帰結が「証明」できたことになります。その証明を形式化すると、次のようになるでしょう：

aは存在しない。　　…背理法の仮定
∴　存在しないものが存在する。　　…矛盾
∴　aは存在する。　　…仮定の否定

しかし、もしもこの形式化が認められるならば、「a」には「光源氏」だけでなく任意の名前を入れてよいのですから、光源氏の存在のみならず、実は何だって存在するということが証明できることになってしまうのではないでしょうか。実際、ラッセルという哲学者は、いま示した証明とは少し異なる次の方法で、同様の主張を証明できると考えました‥

存在Beingは、考えられるどのような項termにも、また、思考の対象となりうるいかなるものにも、属する。端的に言って、存在は、真であろうが偽であろうが、そもそも命題中に出現できるすべてのものに、また、こうした命題すべてに属する。……『Aは存在しない A is not』は、常に、偽であるかまたは無意味である。なぜならば、Aが何ものでもないならば、それが存在しないと言うことはできないであろう。『Aは存在しない』は、その存在が否定されるべき項Aがあることを合意し、よって、Aは存在する。かくして、『Aは存在しない』が意味のない音声に過ぎないと言うのでない限り、それは、偽でなければならない。……数、ホメロスに出て来る神々、関係、キマイラ、四次元空間、こうしたものすべてが存在するのである……（［12］sec.427, 訳文は［3］p.153より。）

余談ながらラッセルは自由恋愛論者であり、そのせいか何度も離婚と再婚を繰り返したのですが、彼は再婚のたびごとに主張も変えたと冗談で言われるほど、「改むるを憚らなかった」哲学者でした。いま引用した主張もその後撤回し、もっと常識的な存在論を主張するようになりました。そのような「転向」をもたらした大きな要因は、現代論理学を用いながら存在主張の論理形式について改めて考え直したことにあります。

現代論理学における「存在」

現代論理学では、カントと同じように「……が存在する」という語は一種の論理語であると考えます。その結果、「……が妥協する」のような通常の述語とは異なるカテゴリーに属する語として存在主張を形式化することになります。具体的には、[例2a] は次のように形式化されます：

$\neg Cs$　（C：①は妥協する、s：ソクラテス）

―――――

$\therefore\ \exists x \neg Cx$

第2章で紹介したように、「¬」は「……ということはない」という否定表現を表す記号です。そして帰結の「∃x¬Cx」は、おおよそ次のようにパラフレーズできます：「少なくともひとつのものxが存在し、そのxは妥協しない。」つまり、「∃」**が**「**存在する**」**に対応する表現**（「**存在量化子**（**existential quantifier**）」と呼ばれます）となっています。見てわかりのとおり、「∃」は英語の「E」をひっくり返した形になっているのですが、これは「存在する」という意味の「Exist」という英語の頭文字にちなんでいるからです。

そして存在主張がこのように形式化されるのだとすると、［例2a］と［例2b］はまったく異なる形式をもつ主張だということがわかります。というのも、両者が同じ形式を共有すると思われたのは、「……が存在する」という述語を「……が妥協する」と同じカテゴリーのものと見なしたうえで、次のような形で［例2b］を形式化したからだと考えられるからです：

$$\neg Eh$$ （E①：①は存在する、h：光源氏）

$$\therefore\ \exists x \neg Ex$$

しかし、この形式化は、「……が存在する」という語を通常の述語とは見なせない以上、許されるものではなかったのです。

この点は、神の存在証明に関しても当てはまります。そのことを［例1c］に即して見てみましょう。「……が存在する」を通常の述語だと見なすと、［例1c］は次のように形式化できます：

$\forall x\ (Gx \to Px)$　（G①：①は神である、P①：①は完全である）

$\forall x\ (Px \to Ex)$　（E①：①は存在する）

$\therefore\ \forall x\ (Gx \to Ex)$

またまたひっくり返ったアルファベットが出てきましたが、**「∀」は、「すべての……」という表現**つまり英語の「**All……**」に対応する語で、「∃」と並んで一種の論理語を表す記号（「**普遍量化子（universal quantifier）**」と呼ばれます）です。また、これも第2章で導入したように、**「→」は「もしも…ならば、～」といういわゆる「条件文」をもたらす論理語**を表す記号です。したがって、第一前提「$\forall x\ (Gx \to Px)$」・第二前提「$\forall x\ (Px \to Ex)$」はそれぞれおおよそ次のようにパラフレーズできます：「すべてのものxについて、〈もしもそのxが神であるならば、そのxは完全である〉」、「すべてのものxについて、〈もしもそのxが完全であるならば、そのxは存在する〉」。そして、この両前提から「$\forall x\ (Gx \to Ex)$」すなわち「すべてのものxについて、〈もしもそのxが神であるならば、そのxは存在する〉」という帰結を導いているわけですが、たしかに、このように形式化してよいのであれば、「論証1c」は妥当な論証であり、両前提の正しさを認めるならば、これによって「神は存在する」という主張を証明できたことになります。

しかし、［例2b］の場合と同様、「存在する」を通常の述語と見なしてはいけないのであれば、第二前提「∀x（Px→Ex）」も帰結「∀x（Gx→Ex）」も不適切な形式化であることになります。「神は存在する」という命題は、現代論理学では次のように形式化されます：

∃xGx　（G①：①は神である）

つまり、「少なくともひとつのものxが存在し、そのxは神である」という形でパラフレーズされ、それを反映した形で日常語に戻すならば、「あるものは神である」、「神であるようなものが存在する」という命題と解釈されて形式化されるということです。現代論理学にしたがう限り、神の存在証明は、この形式の命題を帰結とするような論証でなければならないので、［例1c］のような証明がそのような形式の帰結を持っていない以上、その証明には成功していないということになります。

以上から、神や光源氏の存在証明が一見成立するように思われたのは、カントが主張していたように、**誤って「存在する」という語を通常の述語のように扱ってしまった結果**だと言えます。そしてそれは一種の論理語と見なされるべきだという点についてもカントと一致していますが、カントはそれを一種のコプラとして捉えていたのに対し、現代論理学では、「すべての……」という語と類似の機能を果たす語として位置づけています。また、これらの語は、「全部」とか「少なくともひとつ」という最も大ざっぱな意味での「量」を表す表現と見なすことができるので、**「量化子（quantifier）」**と呼ばれるのです。そして「存在する」という主張を量化子として形式化すれば、神や光源氏の存在証明のような怪しい証明をブロックできるわけです。

さて、このようなことから「存在する」という概念についてどのような帰結が導けるでしょうか。先ほど紹介したラッセルは、次のようにまとめています：

どんな命題関数であれ、それが可能であると主張する場合には、つまりそれはときに真であると主張する場合には、「存在」の根本的な意味が得られます。それは「命題関数を真にするxの値が少なくとも一つある」と言うことで表現されるのです。「xは人間である」なら、それを真にするxの値が少なくとも一つありますが、これこそ、私たちが「人間がいるThere are men」、「人間が存在するMen Exist」で意味することなのです。

存在は本質的に命題関数の性質であり、その命題関数が少なくとも一つの例で真であるということを意味します。（[14]（邦訳）p.111）

ここで、「**命題関数**（**propositional function**）」という小難しい用語が出てきましたが、それについてラッセルは次のように説明しています：

命題関数とは、単に、一つもしくはいくつかの不確定な構成要素を含み、その不確定な要素が確定されると即座に命題になる、そういう任意の表現のことです。（[14]（邦訳）p.107）

つまり、先ほど用いた「xは妥協しない」、「xは神である」、「xは完全である」などの表現が、ラッセルの言う「命題関数」に相当します。そして「存在する」とは、このような命題関数が少なくとも一つの例によって真となるということを意味しているとラッセルは主張しているわけです。たとえば、「xは妥協しない」という命題関数は、ソクラテスという値によって真とされるので、「妥協しないものが存在する」と言えることになります。

しかし、上の引用においてラッセルは命題関数を「表現」と形容し、また「存在は本質的に命題関数の性質である」とも主張していましたが、もしもそうだとしたら、私たちが何かの存在を主張するときには、「表現」という言語的な何ものかについての性質を述べる、いわゆる**「メタ言語的」な主張**をしていることになります。これはちょっとおかしいのではないでしょうか。私たちはあくまでも世界についての主張として存在主張を行っているのではないでしょうか。

　実際、ラッセル自身も他の文献では、命題関数を言語的なものとしてではなく何らかの存在者として扱っている場合もあります。彼の時代には、いわゆる「**（第一階の）対象言語**」**による世界についての主張と「メタ言語」による当該の対象言語についての主張との区別**が、今ほどには意識的に行われていなかったという背景事情があるのです。そして、命題関数によって表される存在者とは、大まかに言えば、上で用いた「妥協しない」、「神である」、「完全である」などの（広い意味での）「（第一階の）性質」だと言えます。つまり、「存在する」とは、これらの性質が〈何ものかによって実現されている〉という性質を持っていることの主張、すなわち、**（第一階の）性質についての**（**第二階の**）**性質の主張**であることになります。このことを、また少し別の観点で捉えるならば、「存在する」とは、**ある（第一階の）性質を持つものの集合が「空集合ではない」という意味での、「集合」についての主張**だとも言えます。

そして、このようにして「存在する」という主張を通常の個体についてではなく、個体の性質・集合についての主張に限定することによって、神や光源氏の存在証明のような怪しい証明をブロックすることができたわけです。また、百ターレルが「存在する」という性質を持つということによってどのような性質が百ターレルに加わるのか、というカントの疑問を回避することもできます。なぜなら、「存在する」とは百ターレルそのものの性質を表すのではなく、あくまでも「百ターレルである」という（第一階の）性質が「実現されている」という（第二階の）性質を持つとか、（個別的・具体的な）百ターレルの（抽象的な）「集合」が「空ではない」という性質を持つ、ということを表しているからです。さらに、「『Aは存在しない A is not』は、常に、偽であるかまたは無意味である」というラッセルがかつて行っていた主張も退けられることになります。それは、「Aであるという性質は実現されていない」とか「Aであるようなものの集合は空集合である」という明確な意味を持ち、当然、それが真となる場合もありうるからです。

Column

コラム 「驚きの証明(7)」：髪の毛が互いに同数のさいたま市民が必ず存在する

コラム(3)でも見たように、なぜか論理学では「髪の毛ジョーク」が好まれるような気がします。この証明は、少なくとも二人のさいたま市民の髪の毛の数が一致しているという、一見偶然的に思われることが、必然性をもって成立する、というところに意外感があるのですが、そのためには、次の前提を承認しなければなりません：「さいたま市の人口は、さいたま市で最も髪の毛が多い人の髪の毛の数よりも少なくとも二人多い。」

こう言われれば、「なあんだ、そんな話か。」とすぐさま納得される方もいるかもしれません。あるいは、「**鳩の巣原理**（**pigeonhole principle**）」というものをご存じの方にとっては、すでに聞いた話だということになるでしょう。「鳩の巣原理」とは、「たとえばいま鳩が十羽いるにもかかわらず巣箱の区画が九つしかないとしたら、少なくともひとつの区画に二羽以上の鳩が入らざるをえない」という、言われてみれば当たり前の（だからこそ「原理」なのですが）原理です。

コラム(3)でも述べたように、人間の髪の毛の数は十万本〜十五万本程度のオーダーですので、さいたま市で最も髪の毛が多い人の髪の毛の数を仮に十五万本としましょう。一方、さいたま市はいわゆる「百万都市」のひとつですので、その人口を百万人とします。この場合、さいたま市民全員を髪の毛の多い本数順に整列すると、百万人の人を十五万本から0本の間に詰め込むことになりますので、少なくとも一つのどこかの本数k（150,000≧k≧0）で複数の人が重複せざるをえないのです。

というわけで、以外にあっさりと証明できてしまうのですが、果たして今の説明は本当に「証明」になっているのでしょうか。たしかに「鳩の巣原理」による説明は直観的に理解しやすく、すぐさま納得できてしまうのですが、「原理」の原理たるゆえんは、それ自身の証明を必要としないということです。だとすれば、原理による説明とは、「つべこべ言わず、この原理を呑み込め」ということの要求だとも言えるのではないでしょうか。

仮に原理に対するこのような「いちゃもん」を受け入れて、原理そのものまたはそれに基づく命題の証明を行うのだとすれば、通常、これはかなり難しい作業となりま

Column

す。というのも、だいたい証明とは、「どちらかと言えばより自明であることに基づいて、どちらかと言えばより自明でないことを立証する」という企てなので、鳩の巣原理のような自明なことを証明するためには、それよりももっと自明なことを見つけ出さなければならないからです。

このような証明を求められた際に威力を発揮するのが、「間接証明」と呼ばれるタイプの証明です。「押してもダメなら引いてみな」ではないですが、正攻法で真正面から証明することが難しい場合、**当該の命題に直行するのではなくいったん一歩退いて遠回りをし、なんらかの形で間接的に証明を成立させる**のです。そしてこのような間接証明の代表的なタイプが「背理法」による証明です。そこで、実際に「髪の毛が互いに同数のさいたま市民が必ず存在する」と言う命題を背理法によって証明してみましょう：

(1) さいたま市の人口は、さいたま市で最も髪の毛が多い人の髪の毛の数よりも少なくとも二人多い。（前提）
(2) さいたま市民の髪の毛の数は全員異なっている。（＝背理法の仮定）
(3) さいたま市の人口をｎ人だとする。

(4)すると、さいたま市で一番髪の毛が多い人の髪の毛の数は、多くともn－2本である。(⑴より)

(5)すると、さいたま市で二番目に髪の毛が多い人の髪の毛の数は、多くともn－3本である。(⑵より)

(6)すると、さいたま市で三番目に髪の毛が多い人の髪の毛の数は、多くともn－4本である。(⑵より)

……以下、同様に繰り返していく。すると次の命題が得られる。……

(7)すると、さいたま市でn番目に髪の毛が多い人(＝さいたま市で最も髪の毛が少ない人)の髪の毛の数は、多くともn－(n＋1)(＝－1)本である。(⑵より)

(8)⑺はありえない(＝必ず偽である)。(髪の毛の数はゼロ以上なので)

(9)ゆえに、(前提⑴のもとでは)背理法の仮定⑵は必ず偽である(＝髪の毛が互いに同数のさいたま市民が必ず存在する)。

さて、「原理」と「間接証明」、どちらがあなたのお好みでしょうか?

「存在する」の悪循環

というわけで、万事めでたしめでたし、ということに一見なりそうなのですが、なかなか一筋縄には行かない、というのが哲学の世界です。実際、ここで、次のような疑問が湧き起こるかもしれません。「存在する」という主張は、ある性質が「実現されている」とか、ある集合が「空集合ではない」という主張だということであるが、そもそも「実現されている」とは、そのような性質を担う個体が「存在する」という主張なのではないか。また、「空集合ではない」という主張にしても、それは要するに、その集合には要素が「存在する」という主張なのではないか。そうだとすれば、結局のところ、存在概念に関するそのような説明は、存在概念を前提として行われているという意味で、典型的な悪循環に陥っているのではないか？

これは至極もっともな疑問です。この鋭い疑問に対してどのような回答がありうるのでしょうか？　ここでひとつ思い当たるのが、W．V．クワイン（1908-2000）という現代アメリカの有名な哲学者が提唱した「**存在するとは、変項の値になることである**」という標語めいた主張です。というのも、その主張は、たとえば「xは妥協しない」という命題関数を真にするような変項xの値としてソクラテスが認められるならば、そのような値となるソクラテスに対しては、実際に存在する何ものかである、という「存在者」としての資格を認定してやろう、という一種の「提案」として解釈できるからです。そしてこのような存在資格は、たとえば「xは自分と同一である」という必然的に真であるような命題関数や「xのみを要素とする集合」という、**xに伴って必ず存在すると言える集合**（「シングルトン」とか「単元集合」と呼ばれます）を導入することによってすべての値に認定されることになる（と少なくとも考えうる）ので、結果的に、当該の議論や理論ごとに設定されるいわゆる**「個体領域（ドメイン）」という個体集合に属する個体すべてが**「存在者」であるということになるわけです。また、このように取り決めた以上、当該の個体領域に属する個体に対して「存在しない」**という述語を適用すればただちに矛盾が生ずることになるので、「存在しない」という述語は使ってはいけない、という一種の禁則も暗黙的に伴っている**のです。

　というわけで、今度こそは本当に万事めでたしめでたし、ということに一見なりそう……なのですが、やはり哲学の世界では、「二筋縄」？　という程度で解決する問題もそう多くありません。というのも、仮にクワインの標語を今述べたような形で解釈することが正しいならば、結局のところ、それは個体に対する存在主張の有意味性を認めることになってしまうからです。つまり、存在するとは変項の値になることであり、変項の値になるものが個体であるとすれば、当然、「個体が存在する」ということになるのです。「存在しない」という非存在主張ができないのも、決して無意味だからではなく、それが上で述べたような意味での禁則に反しているからにすぎないでしょう。だとすれば、個体そのものの存在・非存在主張は当然有意味であり、先に挙げたような、性質の実現者や集合の要素としての個体そのものの存在に関する問いも、まっとうな問いであるということになるでしょう。また別の言い方をするならば、「個体が存在する」という主張が問題をもたらすのは「存在するとは変項の値になることである」ということを前提しているという理由によるのだから、その前提さえ破棄すれば、通常の述語と同じように個体に対して「存在する」という述語を適用しても、少なくとも直接的には問題は起こらないということになるわけです。

「存在する」の多義性

かくして、問題はふたたび振り出しに戻ることになります。すなわち、もしも個体そのもののの存在主張が有意味だとしたら、その主張によって個体に対して何が付加されるのか、というカントの問題や、たとえば「光源氏は存在しない」のような個体の非存在主張にまつわる問題が、依然として残っていることになります。また、先ほど挙げた鋭い疑問は、さらなる問いも呼び起こします。というのも、**有意味な存在・非存在主張には**、性質の実現性や集合の非空性の主張だけではなく、実現者や要素そのものとしての個体の存在主張も含まれるとするならば、それに加えて、**性質や集合そのものの存在主張も含まれると当然考えるべき**だからです。「(特定の)集合が空でない」と主張することと「(特定の)集合が存在する」と主張することは別のことであり、「集合が空でない」という主張が要素そのものの存在を必ずしも含意しなかったように、それは集合そのものの存在も含意しないのです。そしてこうなってくると、〈そもそも「存在する」とは、一種類の主張なのか？　ちょうど「……である」には実は何種類もあったように、「……がある」にも何種類もあるのではないか？〉というまた別の問いまで呼び込むことになります。

というわけで、めでたしめでたしどころか、てんやわんやという状況にむしろ陥ってしまっていると言えなくもないのですが、この事態を収拾するために、まずは、**性質の実現性や集合の非空性という意味での存在を「関係的存在」、個体・性質・集合等そのものの存在を「端的存在」と呼び分けることにしましょう。**前者の「存在する」という概念は、「（特定の誰かに）兄弟がいる」などの「関係的性質」と呼ばれる性質に似ていなくもないからです。そして、前者と後者の意味にそれぞれ基づく「存在する」という語を「**存在$_R$する**」、「**存在$_S$する**」**と書き分けることにします。**

そのうえで、まずは、**性質や集合に関する端的な存在主張**（「存在$_S$主張」と呼ぶことにします）**を「存在$_R$する」という意味での存在主張**（「存在$_R$主張」と呼ぶことにします）**に還元できるのか、ということについて考えてみましょう。**ラッセルらによる標準的見解によれば、個体そのものに関する存在主張は不可能なのであり、可能なのは、（第一階の）性質や集合に対して実現性や非空性という（第二階の）性質を帰属させる主張としての存在$_R$主張のみだったのでした。だとすれば、この見解を一般化して、第n階の性質や集合に関する存在$_S$主張も実は不可能なのであり、可能なのは、第n+1階の性質や集合に対して、それらの実現性や非空性という第n+2階の性質を帰属させる存在$_R$主張のみであると考えられるのではないでしょうか。たとえば、ソクラテスと同様にプラトンも妥協しない性格だったとしましょう。すると、「妥協しない」という第一階の性質の存在$_S$主張と一見思われる主張、すなわち「妥協しないという性質が存在$_S$する」という主張は、「ソクラテスとプラトンが共有する性質」という第二階の性質に対して、その性質が「実現されている」という、あるいは、その第二階の性質を所有する第一階の性質の集合が「空でない」という、第三階の性質を帰属させる存在$_R$主張であるということになります。

　このように考えた場合、第一に、性質や集合に関する存在$_R$主張には、「（たとえば「妥協しない」という）第一階の性質が実現されている」、「（たとえば「ソクラテスとプラトンが共有する」という）第二階の性質が実現されている」、……「（たとえば「――」という）第n階の性質が実現されている」……、という形での多義性があるということになるでしょう。第二に、個体が何らかの性質の実現者または何らかの集合の要素と見なされたのと同様に、性質も何らかの性質の実現者または何らかの集合の要素と見なされなければならないことになります。個体の場合は、通常、「妥協しないものが存在する」の場合のように、「xは妥協しない」というラッセルの言うところの命題関数の中に「妥協しない」という性質が登場していますので、そのような性質は自然に見つかりますが、さらに「妥協しない」という性質がいかなる（第二階の）性質の実現者であったりいかなる集合の要素であったりするかということはただちにはわかりませんし、そのような（第二階の）性質や集合が必ず存在するという保証もないでしょう。先ほどの場合は、たまたま「ソクラテスとプラトンが共有する性質」という性質およびそれに対応する集合があった、と言うよりむしろ、そのような性質・集合を強引に割り当てた、というにすぎません。

ただし、第一の点におけるような多義性は「**体系的な多義性**」と呼ばれ、「……である」の場合のように偶然的に成立するランダムな多義性ではないので、特に大きな問題ではないかもしれません。また、もっぱら集合論的に考えるならば、通常、集合そのものの階層化は行われないので、「妥協しない個体の集合」、「ソクラテスとプラトンが共有する第一階の性質の集合」、……「……という第n階の性質の集合」などの各集合が、共通して「空でない」という一種類の性質を持つのだ、と解釈することもできるでしょう。また、第二の問題も、先ほど述べたように「xは自分と同一である」という命題関数で表される自己同一性などの必然的性質をすべての性質に割り当てることによって解消できるばかりか、任意の個体や性質xに対して、必ずそのxだけから成る単元集合{x}を割り当てることができますので、何らかの命題関数や性質を持ち出す必要さえないかもしれません。そして、これらの解釈や方法が妥当なものとして認められるならば、クワインが主張する「変項の値となることである」という意味での性質や集合そのものの存在S主張は、「何らかの性質を実現している」とか「何らかの集合の要素である」という一種類の意味での存在R主張に還元されたということになるでしょう。

しかし、仮にそうだとしても、まだなお問題は残ります。ひとつの問題は、「**存在者の過剰**」とでも言うべき問題です。というのも、存在するということをこのような意味で捉えるならば、どのような性質・集合であっても、自己同一性という性質は必然的に持つでしょうし、自身のみを要素とする単元集合の要素には必ずなっていますので、事実上「すべての性質と集合が存在する」と言えてしまうことになりそうだからです。実際、クワインは、次のように、まさしくそれに近いことを主張しています。

> 存在論的問題に関して不思議なことのひとつは、その単純さである。この問題は、「なにがあるのか」というごくありふれた言葉だけから成る問いの形で表現できる。それだけでなく、この問いにはただ一語——「すべて」——で答えることができ、だれもがこの答えを正しいと認めるだろう。（[11]（邦訳）p.1）

ただ、この問題は、何らかの理由で「必要」だと言えたり、何らかの意味で「自然」と言えたりするような性質や集合の存在$_R$主張のみを認めるという、**実用主義的**または**自然主義的な基準によって解消できるかもしれません**。クワインは、まさしく、自身の自然主義的立場に基づき、特定の科学理論が必要とする存在者のみを承認し、そのような基準を理論による**「存在論的コミットメント」の基準**と呼んでいます（なお、クワイン自身は、性質そのものの存在$_R$は認めず、科学理論で必要とされる第1階の性質の実現例としての個体の存在$_R$だけにコミットしました）。

解消できないひとつの問題は、やはり個体の存在$_S$主張です。というのも、個体はその定義上、何かによって実現されるとか、要素をもつなどと言うことができないものだからです。そしてこの問題は、たとえ一切の固有名を認めず、たとえばクワインが提唱したように、「ソクラテスる」というソクラテスだけに当てはまる述語を人工的に作って**「ソクラテスは存在$_S$する」という主張を「ソクラテスるものが存在$_R$する」と言い換える**ことによって解消することはできません。なぜなら、そのようなものが存在$_R$するためには、**そのような述語が適用できるような何ものかが存在$_S$しなければならない**からです。

さらに、そもそものような言い換え自体ができないような、個体の存在$_S$主張もあります。たとえば、一切の（第一階の偶然的な）性質を持たないような個体を「裸の個体」と呼びますが、そうだとすれば「裸の個体が存在$_S$する」という主張は、原理的に（トリビアルでない）存在$_R$主張に変換できないことになります。なぜなら、裸の個体は定義上いかなる性質も持っていないのですから、何らかの性質を実現するものとしての存在$_R$には還元できないからです。「いかなる性質をも持たない」という性質を持っているではないか、と反論されるかもしれませんが、裸の個体が「持たない」とされる性質はあくまでも第一階の偶然的な性質なので、自己同一性のような必然的な第一階の性質や「いかなる（第一階の偶然的な）性質をも持たないという性質」のような第二階の性質を持っていてもその定義に反することにはならないのです。他にも、存在$_R$主張に変換できない主張として、「最高階の性質が存在$_S$する」という主張なども挙げられます。**どんな第n階の性質であれ、その存在$_R$主張が、その性質の実現性という第n+1階の性質の存在$_R$主張である以上、常にそれより高階の性質が存在することになるから**です。

もちろん、裸の個体や最高階の性質のようなものは実際に存在しない、もしくは、存在「しえない」のかもしれません。しかし、仮にそうだとしても、そのことが「論理学」から導かれるということは許されないでしょう。**そのような個体や性質の存在可能性は、あくまでも形而上学的な問題であって、論理学的な問題ではない**からです。そしてまさしく、形而上学がそのような問題を扱う学問であるとすれば、そのような問題を扱うための論理としては、存在$_R$主張のみしか扱えないような論理では不十分だということになるでしょう。そもそもそのような問題を定式化することさえできないのですから。かくして、「……である」の場合と同様に、「……がある」についても、特に哲学的な文脈においては、現代の標準的論理学においては区別されないような区別を必要とする場合があることになります。実際、改めて考えてみれば、**個体の存在$_R$主張が、個体そのものや第一階の性質そのものの存在$_S$を含意しなかったように、存在$_R$主張によって主張されるところの「関係的存在」そのものの存在$_S$さえも、形而上学的文脈においては疑いうるかもしれない**のです。

「端的存在」の存在論

では、「存在$_{S}$」については、どのようなことが言えるのでしょうか。比較のために、まず存在$_{R}$主張の利点を改めてまとめてみましょう：

(1) 性質の実現性や集合の非空性という明確で内実のある意味を持つ。
(2) また、その結果として、非存在$_{R}$も明確で内実のある意味を持つ。
(3) 体系的な多義性は持つかもしれないが、実質上、一意的に扱える。
(4) 神や光源氏の存在証明のような怪しい存在論的証明を阻止できる。

ただし、存在$_{R}$主張が真の意味での存在主張として通用するためには、変項の値となる個体・性質・集合などが存在$_{S}$することが前提として必要だったのでした。では、その存在$_{S}$主張に関して、いま挙げた四つの点を検討してみましょう。

〔(1)**について**〕

たとえば、「**ソクラテスは存在**Sする」**と主張する**ことによって、どのような性質がソクラテスに付与されることになるのでしょうか。その答えは、結局のところ、それはまさしく「**存在する」という性質**だということに尽きると私は思います。つまり、**存在とは、他の概念を用いて定義できるような派生的な概念ではなく、もっとも基礎的な概念のひとつ**だということです。その意味では、たしかに、「…でない」、「または」、「そして」などのいわゆる論理語によって表されるものと同様の性格を持っている一種の「論理的性質」だと言えましょう。これは、同一性関係が一種の「論理的関係」だと言いうるのと似ているかもしれません。

〔(2)**について**〕

では、「ソクラテスは存在しない」という主張は、「存在Sしない」という性質を存在しないソクラテスに付与しているということなのでしょうか？　これはやはりいかにも不合理な話ではないでしょうか？　私は、この点については、次のように場合分けする必要があると思います：

(a) 何らかの形で存在が前提されている場合
(b) 何らかの形で存在が局所化されている場合
(c) 何らかの形で存在が階級化されている場合

(a)に相当するのは、「存在するとは変項の値になることである」というクワインの要請を受け入れた場合や、たとえば「これ」「彼」などのような指示語を用いて何かが語られるような場合です。これらの場合は、存在はまさしく「示されている」のだと言えるでしょう。そして示されてしまっているからこそ、「これは存在する」などと主張することは単なる余剰である一方、「これは存在しない」という形でその存在を否定することはできない、すなわち、**そのような非存在は「語りえない」**ということになるのです。クワインの要請を受け入れた場合の存在$_S$は、いわゆるドメインの「要素」によって示されており、非存在$_S$は、そのドメインの中における「不在」によってその非存在が示されているということになるでしょう。

(b)に相当するのは、たとえば「ここにはソクラテスはいない」、「ソクラテスはもはや存在しない」、「この可能世界ではソクラテスは存在しない」などの場合のように「……において存在する」という形で**場所・時点・可能世界・状況など、どこかに局所化された形で意味での存在が否定される場合**です。このような否定主張は、日常的にも頻繁に行われる主張であり、何の問題もないでしょう。

(c)に相当するのは、たとえば「光源氏は存在しない」、「ユニコーンは存在しない」、「エーテルは存在しない」等の場合です。これらは、**何らかの形で私たちの精神に依存する対象を想定したうえで、そのような対象が客観的には存在しない、すなわち「実在しない」という意味で用いられる場合**です。A. マイヌング（A.Meinong 1853-1920）という人は、そのような対象の存在を**subsistence**と呼び、客観的存在としての**existence**と区別しました（と少なくとも解釈できます）。この場合の非存在は、いわば、下級の意味での存在者に対してそれより上級の意味での存在は認めない、という意味で用いられると言えましょう。

〔(3)について〕

ある性質の「存在$_R$する」という性質は、一般化して述べれば、第n階の性質の持つ「（個体または第n－1階の性質によって）実現されている」という第n+1階の性質でした。だとすれば、そこには本来的にその階数が組み込まれているという点で、本来的に体系的な多義性を持っていると言えるでしょう。これに対し、ある性質の「存在$_{S}$する」という性質は、存在$_{S}$主張される当該の性質が何らかの階数を持っていたとしても、それはあくまでも存在$_{S}$主張の対象としての性質に関わることであって、**「存在$_{S}$する」という性質自体には関わらないと考えれば、一義的に第一階の性質**だと言えるでしょう。この点は、「存在$_{R}$する」を純粋に集合論的に捉えた場合は、そこに「要素を持つ」という意味での一義性を与えられたのと似ているかもしれません。

また、局所化された意味での存在$_{S}$主張についても、その場合の「局所化」された主張とは、時点・状況・可能世界なども含む一般化された意味での何らかの「場所」に限定したうえで対象に「存在$_{S}$する」という性質を付与することだと考えるならば、たとえば「ソクラテスは、アテネでも妥協しないし、スパルタでも妥協しない」と言えるからといって「妥協しない」という彼の性質そのものは一義的だと考えられるように、「存在$_{S}$する」という性質も一義的だと考えられるでしょう。さらに、階級化された意味での存在$_{S}$主張についても、上級の「実在する」という意味での存在主張のみにその適用を限定することによって一意性を保持できるでしょう。

［(4)について］

改めて神の存在証明と光源氏の存在証明を振り返ってみましょう。それは次のように記号化できるのでした：

［神の存在証明］

$\forall x\,(Gx \to Px)$　（G①：①は神である、P①：①は完全である）

$\forall x\,(Px \to Ex)$　（E①：①は存在する）

$\therefore\ \forall x\,(Gx \to Ex)$

［光源氏の存在証明］

$\neg Eh$　（E①：①は存在する、h：光源氏）〔背理法の仮定〕

$\therefore\ \exists x\,\neg Ex$　（存在しないものが存在する）〔矛盾？〕

$\therefore\ Eh$

通常の現代論理学では、「変項の値となるものは存在$_{\mathrm{S}}$する」という前提が置かれているので、これらの証明に現れている「$E_{①}$（①は存在する）」のような述語は使用禁止とされ、その結果として論証のこのような記号化は許されないという理由で、いずれも退けられたのでした。これに対し、この前提を外すとしたら、「$E_{①}$」を「①は存在$_{\mathrm{S}}$する」と解釈したうえで、このような記号化も認められることになるはずです。その場合、これらの論証をどのように評価すべきでしょうか。

まず、神の存在証明については、その妥当性を認めざるをえないように思われます。そのうえで、この証明の帰結すなわち「どんなものであれ、それが神であるならば、存在$_{\mathrm{S}}$する」という主張を退けたいのであれば、結局のところ、その前提のいずれかを否定するしかないでしょう。たとえば、そもそも「完全なもの」という概念には実は矛盾が含まれているという理由で第一前提を否定するとか、「存在$_{\mathrm{S}}$する」という性質自体には善悪の価値づけができないという理由で第二前提を否定する、などが考えられます。通常受け入れられている論証形式そのものを否定するという大技ではなく、**地味な正攻法によって論証の帰結を否定する**というわけです。

一方、光源氏の存在証明については、「$\exists x \neg Ex$」という中間帰結は「存在$_{\mathrm{S}}$しないものが存在$_R$する」という内容の主張だということになりますので、「存在$_S$する」と「存在$_R$する」が同義でない以上、これは矛盾ではないことになり、背理法も成立しないので、最終帰結を導くことはできません。すなわち、この証明は、次のような無害な証明に置き換えられます：

$$\neg Eh$$ （E①：①は存在$_S$する、h：光源氏）

$$\therefore \neg\exists x \neg Ex$$ （存在$_S$しないものが存在$_R$する）

そして、「存在$_R$する」の意味を思い返してみると、この帰結は「存在$_S$しないという性質は実現されている」とか「存在$_S$しないものの集合は要素を持つ」などという意味を表していることになります。ただし、先に述べたように、「実現」という言葉は、この場合の「変項の値」である光源氏の存在$_S$を含意してしまうように思われがちなので、「**例示（exemplification）**」という用語で置き換えることにします。すなわち、この証明は、「光源氏は（端的な意味で）存在しない」というおそらく正しいと認めて良い前提から、「（端的な意味で）存在しないという性質は、あるもの（＝光源氏）によって例示されている」、「（端的な意味で）存在しないものの集合は空ではない」という帰結を妥当に導く「健全な」論証だったのです。

では、このように、神の存在証明の論証形式は必ずしも誤っているわけではなく、また、光源氏の証明も無害化できるのだとすれば、なぜ現代論理学では、端的な意味での存在$_S$ではなく、あえて量化子によって表される関係的な意味での存在$_R$をその正規の存在概念として採用しているのでしょうか？

おそらく、その理由は、まさしくそれによって、**存在を「量化」できる**ということにあります。というのも、先に述べたように、本来、存在量化子と普遍量化子は、それぞれ「少なくとも一つの……について」、「すべての……について」という最も原始的な意味での「量」を表す表現であり、直接的には「存在」には関わっていません。量化子は、「変項の値になるものが存在者である」というクワインの要請を受け入れることによって初めて存在と関わりうるのでした。しかし、**「存在する」という語を他の第一階の性質語と並ぶ単なるひとつの述語として扱うのではなく、このような量化を行う一種の論理語として扱うことによって、集合とその要素、全体と部分、連言（「かつ」）と選言（「または」）、必然性と可能性などの数学的・論理的関係との関連づけを行いながら理論的に処理することが容易になる**のです。

たとえば、普遍量化子を用いて表現される「すべてのものは美しい」という命題「∀

x Bx（B①：①は美しい）」は、「美しくないものは存在しない」という存在量化子を用いた命題「¬∃x¬Bx」で言い換えられます。したがって、その否定命題は「¬∀xBx（すべてのものが美しいわけではない）」とか、「∃x¬Bx（美しくないものが存在する）」ということになります。すなわち、これによって、すべてが美しい場合の全体性と一部のものが美しい場合の部分性との対比を論理的に行えるわけです。また、個体が有限個、たとえばa、b、cという三者しか存在しない場合、前者は「Ba∧Bb∧Bc」（aは美しい、かつ、bは美しい、かつ、cは美しい）という連言命題に、後者は「Ba∨Bb∨Bc」（aは美しい、または、bは美しい、または、cは美しい）と言い換えられますので、その対比を**連言性対選言性**という形にも変換できることになります。このようにして、たとえば命題論理における「ド・モーガンの法則」（「¬A∧¬B」と「¬（A∨B）」などは論理的に同値であるという法則）などを述語論理的な形で一般化できるのです。このような一般化を行えることが、伝統的論理学に比べて現代論理学が大きな応用力を持った大きな要因だと言えるでしょう。

【参考文献】

［1］ Armstrong, D. M., *Sketch for a Systematic Metaphysics,* Oxford University Press, 2010.

［2］ Grayling, A. C., *An Introduction to Philosophical Logic*, Blackwell Publishers, 1982 (3rd ed.: 1997).

［3］ 飯田 隆『言語哲学大全Ⅰ　論理と言語』勁草書房、１９８７年。

［4］ 加地 大介『なぜ私たちは過去へ行けないのか　ほんとうの哲学入門』哲学書房、２００３年。

［5］ 加地 大介『穴と境界　存在論的探究』春秋社、２００８年。

［6］ Kant, I., *Kritik der reinen Vernunft*, 1781(2nd ed.: 1787).（邦訳：『カント全集 5純粋理性批判（中）』（I．カント著、原佑訳）理想社、１９６６年。

［7］ Lowe, E. J., *Forms of Thought: A Study in Philosophical Logic,* Cambridge University Press, 2013.

［8］ McGinn, C. *Logical Properties: Identity, Existence, Predication, Necessity*, Oxford University Press, 2001.

［9］ Nolt, J. & Rohatyn, D., *Schaum's Outline of Theory and Problems of Logic (Schaum's Outline-Series)*, Mcgraw-Hill, 1988.（邦訳：『現代論理学（Ⅰ）（マグロウヒル大学演習）』（J．ノルト・D．ロハティン著、加地大介訳）オーム社、１９９５年）

[10] Peirce, C. S., The Fixation of Belief, 1877.（邦訳「探究の方法」（C.S.パース著、上山春平訳）『世界の名著 59 パース・ジェイムズ・デューイ（中公バックス）』所収　中央公論新社、１９８０年）

[11] Quine, W. V. O., *From a Logical Point of View: 9 Logico-Philosophical Essays*, 1953 (2nd ed.: 1961).（邦訳：『論理的観点から 論理と哲学をめぐる九章』（W.V.O.クワイン著、飯田隆訳）勁草書房、１９９２年。

[12] Russell, B., *The Principles of Mathematics*, 1903.

[13] Russell, B., *Our Knowledge of the External World: As a Field for Scientific Method in Philosophy*, 1914.（邦訳：「外部世界はいかにして知られうるか」（B.ラッセル著、石本新訳）『世界の名著 70 ラッセル・ウィトゲンシュタイン・ホワイトヘッド（中公バックス）』所収　中央公論新社、１９８０年）

[14] Russell, B., *The Philosophy of Logical Atomism*, 1918.（邦訳：『論理的原子論の哲学』（B.ラッセル著、高村夏輝訳）ちくま学芸文庫、２００７年）

あとがき

「はじめに」でも書きましたように、本書の内容は、私が大学で行っている論理学の入門的授業の中で話していた内容をさらに展開させたものです。「ですーます調」で書かれている理由の一端はここにあります。実は、このような経緯によって書かれた入門書は、私にとって前例があります。それは、すでに17年も前のことになってしまいましたが、私の初の単著『なぜ私たちは過去へ行けないのか：ほんとうの哲学入門』（２００３年、哲学書房）です。

あの時は、５月頃に哲学書房の中野幹隆さんから電話があり、ちょうどその時に哲学の入門的授業で話していた内容を本にしてみないか、ということになって書き始め、夏休み中に多少苦労はしましたが、まだその（通年）授業も終わらぬ11月にはすでに出版される、という今から思えばとてつもない早さで原稿を書き上げたのでした。

そのイメージが残っていたので、「要するに、話していることをただ文章にすればよいのだから、今回も比較的スムースに行くだろう」となめてかかっていたのですが、蓋を開けてみたところ、とんでもない計算違いであることがすぐさま判明しました。前著との大きな相違は、まず、十余年に及ぶ歳月の経過が私にもたらしていた種々の衰えです。前著は、色々な意味で「若気の至り」の所産であり、今の私には、当時のような「勢いで書く」ということがまったくできませんでした。今回の執筆は、最初から最後まで、ちょっと進んでは長らく休む、というサイクルの繰り返しでした。

さらに大きな相違は、「哲学的論理学」というテーマそのものがもたらした負荷とでもいうべき要因です。振り返ってみれば、私は大学での論理学の授業をすでに30年にわたって行い続けてきたのですが、入門的な授業でもいまだに毎年新たな発見があります。わかったつもりで実はわかっていなかった、ということがたびたび判明するのです。恥ずかしながら告白すると、実は自分は誤ったことを教えていたのだ、と自覚させられることさえ何度かありました（過去の受講生の皆さん、ごめんなさい）。

これが主として私の力不足による結果であることは否めませんが、ひとつの要因は、論理学が扱う主要テーマの抽象度の高さとそれに伴う奥深さにあると思われます。それらの問題の核心を的確に捉えたうえでわかりやすく解説するということができるためには、細心の検討と多数の経験を踏まえたある種の熟練が求められるのです。もちろんこれは、論理学に限った話ではないのでしょうが、少なくとも私の経験した範囲内では、特に論理学にそうした特徴が顕著でした。

そして、このような私の未熟さをさらに強く突きつけたのが、今回の執筆でした。授業のようなその場限りでの解説であれば、多少の不確かさや曖昧さを抱えつつも何とか強引に押し切ることができましたが、それをいざ文字にしてみると、そうした誤魔化しが如実に露呈するのです。また、授業の際には数分で済ませていたような話題を文章化してみると、こんな抽象的でわかりにくい話をたった数分で済ませていたのか、としばしば思わざるをえませんでした（過去の受講生の皆さん、本当にごめんなさい）。「話していることをただ文章にすればよい」という話ではまったくなかったのです。

結局、教育評論社の瀬尾博之さんから初めてご連絡をいただいた2011年の夏から脱稿に至るまで、8年もかかってしまいました。この完成稿においてどこまで上記の問題点を克服できているか、正直言って自信はありませんが、現時点での私の限界点にできるだけ近づこうと試みた、ということだけは言えます。

本書の執筆にあたっては、次の各文献が大変参考になりました：（特に第2章において）[7]の第九・十章、（特に第3章において）[1]の第二章、（特に第4章において）[8]の第二章。また、諸先生方や諸先輩方から陰に陽に伝授していただいた論理学授業のいくつかのノウハウも、内容に大きく反映されています。私が大学に入学して初めて受講した論理学の授業は、

あとがき

今は亡き杖下隆英先生による授業でした。さらにその後、藤村龍雄先生、清水義夫先生の授業に大きく啓発されました。「文理融合」などという言葉がまったく流通していなかった時代に、それを何事でもないかのごとく自然に実践され、数理論理学にまつわる哲学的興味を喚起してくださったこれらの先生方に感謝申し上げます。また、戸田山和久さんは、彼の担当を春学期途中で引き継いで、私が初めて論理学の授業を行ったときに、それまでの具体的な講義内容を教えてくださいました。「論」「理」の字源についての情報元は戸田山さんだったと記憶しています。

そして、本書の企画から出版に至るまでお世話になった瀬尾さんに対しては、お詫びの気持ちとともに心よりお礼申し上げます。改めて瀬尾さんとのメールでのやりとりを振り返ってみると、そもそも最初の部分原稿を送るまでに2年近くかかったうえに、その後、一切の進展がないという期間が何度かあり、最大の場合3年半でした。私が言うのも何ですが、よくぞ「心が折れなかった」ものです。瀬尾さんの強い心がなければ、本書が日の目を見ることは決してなかったことでしょう。

令和最初の三月　吉日

加地大介

ら行

た行

な行

は行

ま行

や行

索引

加地 大介［かち だいすけ］

1960年、愛知県に生まれる。1983年、東京大学教養学部（科学史科学哲学分科）卒業。

1989年、東京大学大学院人文科学研究科博士課程（哲学専攻）単位取得退学。

2007－8年、ニューヨーク大学、ダラム大学（いずれも哲学科）客員研究員。

現在、埼玉大学大学院人文社会科学研究科教授。博士（文学）。

専門は分析形而上学および哲学的論理学。

主な著書に『なぜ私たちは過去へ行けないのか: ほんとうの哲学入門』（哲学書房、2003年）、『穴と境界: 存在論的探究』（春秋社、2008年）、『もの: 現代的実体主義の存在論』（春秋社、2018年）など。

論理学の驚き―哲学的論理学入門―

2020年6月11日　初版第1刷発行

著　者　加地大介
発行者　阿部黄瀬
発行所　株式会社 教育評論社
〒103-0001
東京都中央区日本橋小伝馬町 1-5 PMO日本橋江戸通
TEL 03-3664-5851
FAX 03-3664-5816
http://www.kyohyo.co.jp
印刷製本　萩原印刷株式会社

ISBN 978-4-86624-027-5　C0010